JN438828

학습스타일 검사도구 3판

-학생이 선호하는 교수방법 측정도구-

Learning Styles Inventory Version III

A Measure of Student Preferences for Instructional Techniques

Technical and Administration Manual

Joseph S. Renzulli · Mary G. Rizza · Linda H. Smith 지음

이미순 옮김

박학사

Learning Styles Inventory, Version III

A Measure of Student Preferences for Instructional Techniques

Technical and Administration Manual

by Joseph S. Renzulli, Mary G. Rizza, Linda H. Smith

Translated and Adapted for use by Korean Educators by Mi-Soon Lee

Printed in Korea

ISBN 978-89-91633-32-2

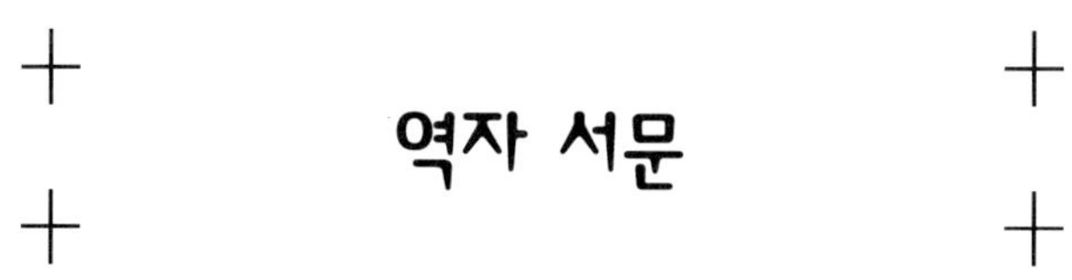

역자 서문

1970년 초에 시행한 중학교 무시험진학과 고교평준화 제도에 따른 평등성 교육의 여파로 우수 인재양성에 소홀하다는 사회적 비판을 받게 되면서, 수월성 교육에 대한 관심이 증대되고 국가적으로 교육경쟁력을 강화하기 위해 영재교육 및 일반 학교에서의 수월성 교육을 제고하는 교육프로그램의 운영 필요성을 제기하게 되었다. 이에 교육인적자원부는(2004) "창의적 인재 양성을 위한 수월성 교육 종합대책"을 발표하였고, 2010년까지 전체 초중고생의 5%인 40만 명에 이르는 학생에게 수월성 교육을 추진할 예정임을 보고한 바 있다. 이에 우리나라도 사회 및 교육적으로 영재교육 관련 정책을 수립하고, 적극적으로 이를 추진하는 한편, 영재교육 이론과 실제에 관한 이해를 도모함으로써, 그간 영재교육이 소수의 학생만을 위한 "엘리트주의(Elitism)"라는 비난에서 벗어나 사회와 국가 발전에 이바지하는 "사회적 자본(Social Capital)"을 개발한다는 시각을 전개할 시점에 이르게 되었다.

이 책은 Renzulli, Rizza와 Smith(2002)의 『Learning Styles Inventory (Version III): A Measure of Student Preferences for Instructional Techniques』를 번역한 것이다. 특히, Renzulli 박사는 미국 코네티컷

대학의 교육심리학과 교수였으며, 미국국립영재연구소의 소장으로 영재교육에 대한 많은 독창적인 이론을 제시하였다. 그 중 영재성의 세 고리 개념, 영재판별모형 및 삼부심화학습 등은 우리나라에 소개된 이후 많은 영재 교수-학습 프로그램의 이론적 토대를 제시하고 있다.

기존 영재교육에 관한 책들과 비교할 때, 이 책은 학교 현장에서 실제적으로 적용할 수 있는 지침과 방향을 구체적이며 융통적으로 소개한다. 이는 Renzulli 박사 및 그의 동료들이 오랫동안 이론과 실제를 학교 현장에 도입하고 적용하는 연구를 하였기 때문이다. 그러나 이 책에서 제시한 지침 및 방향을 그대로 우리나라 여건에 적용할 수 없으므로, 우리나라 실정에 맞는 영재교육 이론과 실제를 정착시키기 위한 영재교육 실무자, 즉 행정가, 교사 및 부모들의 노력과 열정을 기대한다.

학습은 학생의 경험, 문화, 성별, 유전정보 및 신경학적 회로에 기초하므로, 개별 학생마다 정보와 기술을 수용하고, 처리하고, 내면화하며, 보유하는 방식, 즉, 학습 스타일이 서로 다르다. 학생의 학습스타일은 그들이 과제에 어떻게 접근하고 처리하는지 영향을 미치므로, 어떻게 학습하는지 파악하는 것은 학생이 가진 잠재력을 최대한 발현하도록 교수-학습과정을 계획할 때 중요하다. 이 책에서 소개하는 학습스타일 검사도구는 학생이 선호하는 교수책략을 측정하여 교육과정에 반영하는 근거를 마련하는데 있다. 크게 학습 스타일 검사도구의 개발에 관련된 내용과 학급 내에서 학습스타일 검사도구를 실시, 채점 및 해석하는 내용으로 구성되어 있다.

코네티컷 대학에서 공부하는 중에 우리나라 영재교육에서 제일 필요한 사항이 무엇인지 고심하게 되었고, 교육 현장에서 영재를 지도하는 교사를 위한 자료가 부족하다는 현실을 접하게 되었다. 이상의 역자의 고심에 대해 Renzulli 박사는 흔쾌히 우리나라의 영재교육을 담당하는 교사를 위해 여러 권의 책을 우리나라 실정에 맞게 번역하고 수정할 수 있도록 배려해 주셨다. 이 자리를 빌어 Renzulli 박사의 지원과 격려에 감사드리고 싶다. 또한 세심하게 원고 내용을 살펴봐 주신 고려대학교 김효정 선생님, 이 책의 출판을 허락해 준 도서출판 박학사 사장님과 편집부에 진심어린 감사를 드리면서, 책에 어린 정성과 노력만큼 우리나라의 영재교육이 발전하길 기원한다.

2007년 5월

이미순

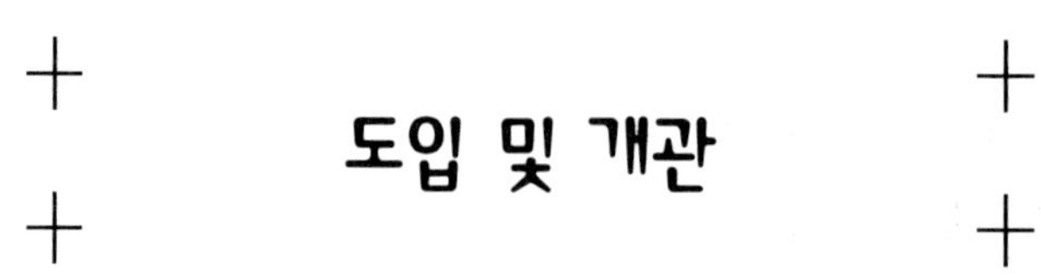

도입 및 개관

『학습스타일 검사도구-3판(*LSI-III*)』은 초등학교 및 중학교 학생들이 일반적으로 선호하는 교수방법을 측정하고자 개발된 검사도구이다. 개정된 *LSI* 검사도구는 초등학생용(*LSI-III/ES*)과 중학생용(*LSI-III/MS*)으로 나누어져 있으며, 초등학생용 학습스타일 검사도구는 56문항, 중학생용 검사도구는 62문항으로 이루어져 있다. 각 검사도구는 대략 실시하는데 15분 정도 소요된다. (본 검사도구는 학생용 검사도구를 기초로 하여 교사용 도구 또한 포함하고 있으나, 교사용 검사는 학생용 검사의 신뢰도와 타당도와 동일하지 않다.) 학습스타일 검사도구-3판은 3학년에서 8학년까지 개별 학생은 물론 소집단 학생을 위한 보다 반응적인 학습환경을 조사하고자 할 때 활용할 수 있다. 본 매뉴얼에 제시한 도구들은 1978년에 발행된 학습스타일 검사초판(Renzulli & Smith, 1978)의 3번째 개정판이다.

제1부는 다음 4개 질문 유형별로 그 내용을 전개한다.

- *LSI-III*는 무엇이며 측정하고자 하는 것이 무엇인가?
- *LSI-III*를 어떻게 실시하고 채점하는가?

- *LSI-III*의 점수를 어떻게 해석할 것인가?
- 학생의 학습스타일에 따라 교수 스타일을 어떻게 바꿀 것인가?

학생들 사이에 존재하는 개인차를 보다 수용할 수 있도록 교수방법을 탐색하고자 하는 교사를 위한 자료 또한 제시할 것이다. 게다가 본 매뉴얼의 부록들을 찾아 연구할 것을 권장하는 바이다.

제2부는 *LSI*를 개정하는데 적용한 기술적인 측면, 예를 들어, 내용타당도, 구인타당도 및 신뢰도에 대한 내용이다.

교사 및 행정가들이 쉽게 사용하고 이해할 수 있는 매뉴얼과 검사도구를 개발하고자, 연구 및 이론적인 내용을 많이 다루지 않았다. 그러나 본 검사도구를 이론적 근거에 바탕을 두고 실시하고자 하는 사람들이나 이론 및 연구에 보다 관심이 있는 사람들은 매뉴얼과 검사도구가 근간으로 하는 이론과 연구를 살펴볼 필요가 있으므로 이에 대한 정보 역시 부록에 수록하였다.

부록 A는 학생의 학습스타일을 학습상황에서 고려해야 하는 이유를 이론과 연구를 토대로 기술하였다. 능력, 흥미와 스타일－학생이 학습에 접근하는 다양한 방법에 대한 주요 개념들－에 대한 주요 이론적 관점을 제시하였다. 이들 개념들은 상호연관 되어 나타나며, 실제 눈에 나타나 측정할 수 있는 상황 내에서 이해하는 것이 중요하다. 다시 말해서, 학생의 능력, 흥미 및 스타일은 고정된 것이 아니며 이를 최대한 개발하고자 할 때 교사는 이에 맞게 교수 스타일의 영역과 교육과정을 수정해야 한다. 교사들은 『학습스타일 검사도구-3판』을 이상의 관점에서 실제적으로 사용함으로써 학생이 선호하는 특정 학습스타일을 인식할 수 있다.

*LSI-III*는 학생들이 학습활동에 어떻게 참여하는지 일부분만을 보여주므로, 부록 B에서는 교사들로 하여금 학생의 능력, 흥미 및 학습

과 표현스타일—즉 *Interest-A-Lyzer* 도구(Renzulli, 1977, 1997; Renzulli & Rizza, 1997), *Scales for Rating Behavioral Characteristics of Superior Students*(Renzulli et al., 2002), *My Way: An Expression Styles Inventory*(Kettle, Renzulli, & Rizza, 1998)—등을 개발하고 조사할 수 있도록 여러 검사도구를 기술하고, 이들 정보를 종합하여 종합재능 기록표(Total Talent Portfolio: Purcell & Renzulli, 1998)에 수록하는 것에 대해 설명하였다(부록 C에 이들 검사도구의 예를 수록함). 종합재능 기록표에서 학생을 종합적으로 분석함으로써, 교육자들은 학생의 강점, 요구 및 흥미에 맞게 교육과정과 교수방법을 수정할 수 있다.

마지막으로 부록 D에는 교사용뿐 아니라 초등학생과 중학생용 학습스타일 검사도구의 예를 수록하였다. 실제 본 검사도구를 교실에서 사용하고자 할 때, Creative Learning Press 사(888-518-8004, www.creativelearningpress.com)로 연락하길 바란다.

*LSI-III*의 목적이 학생의 선호하는 학습스타일을 파악하는데 있지만, 지능 수준과 낮은 학습수준으로 학생들을 구분하는 것처럼 학습스타일로 학생들을 낙인찍지 않도록 노력해야 한다. 드문 경우이긴 하지만 어떤 학생들은 독립학습 같은 한 가지 학습방법으로 대부분의 학습을 수행하는 것을 좋아할 수도 있으나, 대부분의 학생들은 연령과 교과목에 따라 좋아하는 교수법이 다양하다. 그러므로 *LSI-III*를 다양한 간격을 두고 재실시하여 교사는 학생의 선호도의 변화를 기록하고 이를 교수활동에 반영하는 것이 바람직하다.

차 례

도표 차례

제 1 부

학습스타일 검사도구-3판의 사용

학습스타일 검사도구-3판(*LSI-III*)은 특정 교수법에 대한 학생의 선호도를 파악하는 도구이다. 다음의 몇 가지 질문을 통해서 학습스타일 검사도구를 실시하고, 채점하고, 사용하는 방법을 설명하고자 한다.

- *LSI-III*는 무엇이며 측정하고자 하는 것이 무엇인가?
- *LSI-III*를 어떻게 실시하고 채점하는가?
- *LSI-III*의 점수를 어떻게 해석할 것인가?
- 학생의 학습스타일에 따라 교수스타일을 어떻게 바꿀 것인가?

*LSI-III*는 무엇이며 측정하고자 하는 것은 무엇인가?

본 학습스타일 검사도구는 일반적으로 초등학교와 중학교에서 볼 수 있는 9개의 교수책략에 대한 학생의 선호도를 측정하고자 개발되었다. 새로 개정된 *LSI*는 초등학생용(*LSI-III/ES*)과 중학생용(*LSI-III/MS*)으로 구분되며, 초등학생용으로 56문항을, 중학생용으로 62문항을 개발하였다. 각 검사 도구의 실시시간은 대략 15분이 소요된다. 학습스타일 검사도구-3판은 3학년에서 8학년 학생에게 적합한 교수활동을 계획할 때 사용할 수 있다.

*LSI-III*에서 정의한 9개 학습스타일은 다음과 같다.

직접 교수(Direct Instruction)

직접 교수란 교사 및 특정 분야의 전문가가 말을 통해서 생각 및 개념을 전달하는 것을 말한다. 교사가 레슨을 제시하고, 새로운 정보를 설명하고, 다양한 관점을 제시하는 것 등이 직접 교수방법에 포함된다. 요인분석을 실시하였을 때 또한 교사가 방향을 제시하거나 토론을 이끌어가는 것도 직접 교수에 포함되는 항목으로 나타났다.

매체를 활용한 교수(Instruction through Technology)

이 요인에 해당되는 문항은 모두 컴퓨터 및 기타 교육자료를 사용하는 것과 관련이 있다. 새로운 정보를 학습하거나 찾을 때 컴퓨터를 사용하고 컴퓨터 활동에 참여하는 것이 이 요인에 포함된다. 이메일 및 채팅방에서 의사소통하는 것뿐 아니라 인터넷 관련 활동 또한 매체를 활용한 교수에 해당된다. 게다가, 비디오와 텔레비전 방송도 이 요인에 포함된다.

시뮬레이션(Simulation)

역할놀이를 통해서 내용 및 기술을 가르치는 활동을 말한다. 시뮬레이션에서 학생들은 역할을 맡아 실제-세계 상황을 탐색한다. 시뮬레이션에서 높은 점수를 얻은 학생들은 구체적인/ 실제-세계 경험

속에서 학습하는 것을 선호한다.

프로젝트(Project)

프로젝트를 통해서 학생들은 학교와 관련된 집단 활동, 학생이 주도할 수도 교사가 주도할 수도 있는 활동을 수행한다. 프로젝트 스타일에서 높은 점수를 얻은 학생들은 집단으로 학습하는 것을 선호하며 교육과정과는 별개의 프로젝트 하는 것을 좋아한다.

독립학습(Independent Study)

독립학습에서 학생들은 스스로 어떤 주제 및 학습영역을 수행한다. 전형적으로, 학생들이 학습할 영역을 선택하고, 스스로 정보를 수집하는 방법을 개발하고, 발표 혹은 산출물 형태로 자료를 종합한다. 독립학습에서 높은 점수를 얻은 학생들은 혼자서 활동하는 것을 선호한다.

또래교수(Peer Teaching)

또래교수를 통해서 학생들은 친구에게 어떤 특정 주제 및 기술을 가르친다. 또래교수에서 높은 점수를 얻은 학생들은 또래에게 편안하게 도움을 구하며, 어떤 것을 연습하거나 학습할 때 다른 친구들과 함께 하는 것을 좋아한다.

상술 및 연습(Drill & Recitation: 초등학생용만)

전통적인 교수방법으로서 교사들은 학생들에게 질문을 하고 학생들에게 적절한 정보로 대답하게 한다. 상술 및 연습에서 높은 점수를 얻은 학생들은 말로 어떤 내용영역에서의 지식을 보여주는 것을 좋아한다.

토론(Discussion: 중학생용만)

토론은 교사와 학생 혹은 학생들 간에 양방적 의사소통을 한다는 점이 특징이다. 토론에서 높은 점수를 얻은 학생들은 언어적으로 정보 및 의견을 교환하고 듣고 참여하는 것을 좋아한다.

학습 게임(Teaching Game: 중학생용만)

학습게임은 게임 상황을 통해 지식을 획득하고 전달하는 것을 말한다. 학습 게임에서 높은 점수를 얻은 학생들은 자신의 성취에 대해 즉각적인 피드백을 얻는 활동에서 경쟁하는 것을 좋아한다.

*LSI-III*를 어떻게 실시하고 채점하는가?

학습스타일 검사도구-3판을 실시하고 채점하는 것은 쉬운 일이 아니다. 본 도구를 현장 검증하여 얻는 정보와 제안점을 토대로 학습스타일 검사도구를 사용하기 쉽고 그러면서 많은 정보를 얻을 수 있도록 도구의 양식을 다시 개발하였다. 새로운 양식 외에도, *LSI-III*는 스스로 빨리 채점할 수 있고 결과를 분석할 수 있으므로, 즉각적으로 교사의 교수활동에 결과를 활용할 수 있다.

학생들이 각 문항에 대해 질문을 할 수 있으므로 검사 문항을 여러 번 읽는 것이 좋다. 각 학습스타일의 정의를 보고 문항이 어느 내용에 해당되는지 해석할 수 있으므로 학생의 질문에 대해 대답할 수 있다.

*LSI-III*를 실시할 때 우선 도구를 앞에 놓고 지시문을 큰소리로 읽는다. 어떤 활동을 해 보았는지 대답하는 것이 아니라, 정말 학생 자신에게 흥미로운 활동을 기술하는 문항에 대해서 좋아하는 정도를 표시하는 것임을 확실히 이해시킨다. 교사가 교실에서 유사한 활동을 실시한

적이 있는가의 여부가 학생의 응답(선호한다고 대답하는 것)에 영향을 주어서는 안 된다. 본 검사도구는 학생과 교사 모두를 위한 일종의 학습경험이다. 자신의 선호하는 학습이 무엇인지 이해하는 것은 학생은 물론 교사에게도 중요하다.

채점하는 방법에 대해 살펴본다. 비록 차이가 분명하게 눈에 들어와도, 시간을 들여 학생 스스로 각 반응 범주간의 차이를 이해할 수 있게 한다(매우 좋아함, 좋아함, 잘 모르겠음, 싫어함, 매우 싫어함). 그 외, 다른 문항과 관련하여 표시하는 것이 아닌, 각각의 문항을 읽고 각 문항에 대해 좋아하는 정도를 표시해야 함을 강조한다. 본 검사는 좋아하는 순서대로 문항을 나열하는 것이 아니라, 각 별개의 문항에 대해 좋아하는지 결정을 내리는 것이다.

학생들이 각 문항에 대해 표시한 다음, 섹션별로 표시한 수를 더한다. 그리고 검사도구의 마지막 페이지에 있는 "섹션 총점" 표에 가서 섹션별로 자신의 총점 혹은 총점이 속한 영역에 표시를 한다. 교사는 학생들이 채점을 하는 동안 주위를 돌아다니면서 학생들이 채점을 잘 할 수 있도록 이들의 질문을 받고, 각 학생들이 그들의 속도대로 검사도구 양식을 끝마칠 수 있게 한다.

학생의 점수를 조직하고 차트로 만들 수 있도록 돕는 요약 용지가 있다. 이 용지를 통해서 교사는 한눈에 전체 학생들의 선호하는 학습스타일을 볼 수 있도록 학습스타일 점수를 전환할 수 있다.

*LSI-III*의 점수를 어떻게 해석할 것인가?

*LSI-III*를 채점할 때 기억해야 할 점은 본 검사도구가 테스트가 아니며 집단끼리 비교할 규준이 없다는 점이다. 본 검사도구의 주요 목적은

개별 학생에 대해 정보를 수집하여 이 정보를 활용하고 학생에게 적합한 프로그램을 마련하는데 있다. 본 도구를 개발함에 있어 신뢰도와 타당도 검증 연구에 참여한 대상으로부터 얻은 정보에 의거하여, *LSI-III*의 각 차원별 평균과 표준편차를 산출하였다. 원점수는 각 하위척도별로 *t*-점수(평균은 50이고 표준편차는 10)로 전환하여 문항수가 서로 다른 요인 간을 비교하고자 하였다. 그러므로 각 *t*-점수는 전체 하위척도 점수 혹은 요인별 해석을 위해서, 1~10에 해당하는 점수로 전환한다. 전환된 점수는 평균 5와 표준편차 2를 가진다. 이 전환 점수는 다음의 가이드라인에 따라 해석하게 된다.

전환점수	선호도 수준
9~10	매우 높음
7~8	높음
5~6	평균
3~4	낮음
1~2	매우 낮음

전체 학생의 일반적인 스타일 점수를 살펴보는 것 외에, 각 학생의 *LSI-III*를 살펴보고 이들 개별 학생들이 선호하는 특별한 학습스타일에 대해 보다 잘 이해해야 한다. 이와 같은 과정은 어느 학습스타일에도 흥미를 보이지 않는 학생을 파악하고자 할 때도 중요하다. *LSI-III*는 매우 특정한 활동을 좋아하는지 질문하는데 어떤 학생들의 경우엔 어떤 스타일 중에서도 어떤 특정 활동유형만 좋아하기 때문이다. 예를 들어, 집단활동 및 시뮬레이션 같이 실제-생활 내에서 활동하는 것을 좋아하는 경우도 있지만, 이 스타일을 기술하는 대부분의 문항들이 역

할분담에 대한 것을 다루므로 이런 경우엔 학생들이 좋아하지 않을 수도 있다. 여전히 시뮬레이션을 좋아하지만 집단 상황에서 활동하는 것을 좋아하지 않을 수 있기 때문이다.

LSI-III 결과를 학생면담 시 활용하고자 할 때, 학생들이 이 검사도구에 대해 무엇을 생각하고 있는지 생각을 들어봐야 한다. 일단 학생들이 본 검사도구의 구조를 보고 나면, 처음엔 인식하지 못하였던 자신의 선호하는 스타일에 대해 생각하게 될 것이다.

학생의 학습스타일에 따라 교수스타일을 어떻게 바꿀 것인가?

*LSI-III*의 문항들은 9개 학습스타일 범주 내에서 볼 수 있는 일반적인 활동을 기술하며 초등학교와 중학교 교실에서 일반적으로 교사들이 사용하는 교수실제에 초점을 맞추고 있다. *LSI-III*에서 얻은 정보를 가장 잘 얻고 활용하기 위해서, 교사는 학생의 선호하는 학습스타일에 자신의 교수 실제를 적절하게 접목하려고 노력해야 한다. *LSI-III* 교사용을 사용하여 교사들은 학생의 선호하는 학습스타일에 맞게 자신의 교수책략을 사용하고 있는지 비교할 수 있다. 교사용 *LSI-III*는 학생용 문항에 기초하므로 학생용 검사도구에서 볼 수 있는 활동과 교수책략을 얼마나 자주 적용하고 있는지 평가할 수 있다. 각 문항을 평가한 후에, 문항을 요인별로 더하여 원점수를 산출하고 다시 문항수로 나누어 평균을 산출할 것이다. 산출한 요인별 평균 점수를 다음의 표에 있는 점수와 쉽게 비교할 수 있다:

빈도	점수	평가
매일	4	매우 높음
주마다	3	높음
달마다	2	중간
경우에 따라	1	낮음
전혀 아님	0	매우 낮음

학생의 선호하는 학습스타일을 교사의 교수책략에 다양하게 반영할 수 있는 방법은 많이 있다. 예를 들어, 활동 중에, 학생을 그들의 스타일에 따라 그룹을 짓고 각 집단이 선호하는 학습스타일의 이점을 이용하는 활동을 하도록 배려할 수 있다. 4학년 심화학습 교사인 Shobe 교사는 *LSI-III*에서 얻은 정보를 활용하여 말하기 단원을 다양하게 지도하였다. Shobe 교사는 학생을 집단으로 구성하여 OHP프로젝터를 이용하여 형용사를 의도적으로 제거한 영화보기 활동을 하였다(직접 교수). 동시에, Wacky Web Tales(http://www.eduplace.com/tales)라고 하는 이야기 쓰기 프로그램을 활용하여 컴퓨터실에서 일부 학생들을 활동하도록 하였다(매체를 활용한 교수). 세 명의 학생은 추상적 그리고 구체적 단어를 사용하여 친구를 위한 물건 갖추기 놀이(지정된 물건을 사지 않고 빨리 모아오는 팀이 이기는 게임)을 함께 개발하는 활동을 하였다(프로젝트와 또래 교수). 후에, 전체 학생들이 체육활동에 참여하는 동안 친구들이 활동한 단편 이야기를 듣거나 친구들이 한 활동에 따라 체육활동을 한다. 예를 들어, 이야기에서 명사가 나오면 오른손을 들고 동사가 나오면 코를 만지고 형용사가 나오면 왼손을 머리 위에 올리는 활동을 한다. "공자 가라사대"(상술 및 연습활동, 학습게임) 등은 제외하였다. Shode 교사가 모든 스타일을 조절할 수는 없

지만, 학생들의 *LSI-III*에 나타난 바대로 선호하는 것에 가장 가까운 활동을 선택하도록 권장할 수는 있었다. 간단히 말해서, 비록 한 번에 모든 학생이 만족하게 할 수는 없지만, *LSI-III*를 활용하여 교실 내에서 학생 대부분의 스타일을 조절할 수 있도록 다양성을 부여할 수는 있다.

*LSI-III*에서 얻은 정보를 어떻게 사용하느냐는 교실에서 벌어지는 변화에 대처하는 반응에 좌우된다. 어떤 교사는 *LSI-III*에서 얻은 정보를 활용하여 교수방식을 급진적으로 바꾸기도 한다. 학생의 선호 정도에 따라, 어떤 교사는 교실의 구조를 바꿔서 전체집단 보다는 소집단 혹은 개별적으로 활동할 수 있도록 하였다. 교사는 자신의 교수스타일을 조절하는데 있어 새로운 책략을 도입할 수 있다. 새로운 책략을 쉽게 도입할수록, 학생에게 자연스럽게 전환하여 도입할 수 있다. 하루 한 시간 정도 작게 시작하고 얼마나 잘 적용되었는지 파악한다. 무엇보다도, 실망하지 말아야 한다. 변화는 시간이 필요한 과정이기 때문이다.

교육과정에 새로운 책략을 도입하거나 기존에 사용하던 책략에 어떤 변화를 주든지, 그 결과는 동일하지만 교사와 학생 모두에게 학습은 보다 즐거운 것이 된다. 다음 섹션에서는 다양한 학습스타일을 조절하는데 있어 유용한 교수책략을 살펴볼 것이다[1]. 그 외, 학습스타일과 관련하여 교수기술을 향상하는 데 도움을 줄 참고자료를 아울러 제시할 것이다. 기억해야 할 점은 학생의 개별 스타일이 항상 학습에 대한 참여 및 효율성을 증진하며 즐거운 것으로 만드는 일종의 강점으로 인식해야 한다는 것이다.

---

1) Renzulli, J. S., Leppien, J. H., & Hays, T. S. (2000). *The Multiple Menu Model: A Practical Guide for Developing Differentiated Curriculum*에서 참조.

직접 교수

- 주요 정보를 파악하도록 그래픽 조직도를 제시하고 정보를 일정 방식에서 범주로 묶게 한다. 정보는 주제별로 분류하고 중심 제목이 되는 핵심어 및 단어들과 연계한다. 그래픽 조직도를 다양하게 하여 사건, 인과관계 및 문제와 그 해결방안의 상호작용을 반영할 수 있게 한다.
- 반으로 공책을 접어 효과적으로 필기하는 방법을 지도한다. 노트의 한쪽에는 질문을 만들고 다른 반쪽에는 질문에 답이 되는 정보를 적는다.
- 수업 중 다루는 정보를 복사하여 나눠준다.
- 강의와 질문을 병행한다.
- 강의를 들은 후, 학생들로 하여금 정보를 요약하고 정보에 반응하게 한다.
- 주제를 학생들이 익숙할 만한 경험과 예들에 견주어 기술한다.
- 학습 중 소개한 개념의 예가 되는 것들과 그렇지 않은 것들을 제시한다(개념 획득 책략).
- 학습 중 소개한 개념의 예가 되는 것들과 그렇지 않은 것들에 대해 질문한다(개념 획득 책략).
- 이야기 들려주기를 강의형태에 접목한다.
- 초청 연사를 초빙하여 어떤 주제에 대해 학생들에게 강연하거나 아는 바를 함께 공유한다.
- 여러 인쇄물과 매체물을 사용하여 어떤 특정 주제를 자세히 설명하거나 강조한다.
- 전시물 혹은 슬라이드 형태로 발표한다.
- 가능한 한 많은 자료를 이끌어 낼 수 있도록 개방형 질문을 함으로써 학생들이 개념을 형성하도록 돕는다. 학생들의 대답을 기록하게

하고, 이들 대답을 그룹으로 조직하고 개념적으로 분류하게 한다. 예를 들어, 민주주의 단원학습 전에, "민주주의라는 말을 들으면 무엇을 생각하게 되는지" 질문해 볼 수 있다. 학생들은 이에 대답하고, 이들 대답을 그룹으로 조직하고, 이들 그룹의 속성을 설명하는 개념을 찾아보게 된다(개념형성/ 진단).

- 개념이해를 촉진하기 위해 구체적인 조작물을 사용한다.

매체를 통한 교수

- Webquest 혹은 website를 만들고 조직해봄으로써 학생들로 하여금 자신의 속도에 맞게 개념을 학습할 수 있게 한다.
- 일종의 프로그램화된 교수 형태인 학습 소프트웨어를 사용한다.
- 인터넷 사용에 대한 분명한 규칙을 정하고 학생들이 규칙을 지킬 수 있도록 서로 약속을 하여 자신의 행동에 대해 책임을 지게 한다.
- 숙제에 필요한 정보를 찾는 동안 학생이 개인적으로 흥미를 가진 사이트를 검색하는 시간을 허용한다. 그렇지만 기억해야 할 점은 숙제는 도전적인 내용으로 쉽게 인터넷을 사용하여 따라할 수 있는 것들로 다른 인접한 흥미거리를 제시하면서도 직접적으로 지금 하는 활동과 관련이 있어야 한다.
- 매체는 목적에 도달하도록 돕는 수단이므로 직접적으로 프로젝트에 도움이 되는 것이어야 한다. 그러므로 매체 없이도 과제를 달성할 수 있는지 질문함으로써 매체 사용에 대해 평가한다.

시뮬레이션

- 학생들은 역할을 맡아, 의사결정하고 자신의 행동결과에 대해 책임을 진다.
- 학생에게 시뮬레이션을 소개하고 맡은 역할을 탐색하고 책략을 구

성할 시간을 준다.

- 토론을 통해서 시뮬레이션 과정을 촉진하고 역할을 맡은 사람에게 보고할 때 적극적으로 참여하게 한다.
- 어떤 특정 개념을 탐색할 때 유용한 문제 혹은 상황을 고안한다. 배경 정보를 생각하고 학생들은 자신의 역할을 감당할 때 도움이 되는 배경 정보를 탐색하게 한다.
- 상반되는 관점을 탐색하도록 논쟁에 참여하게 한다.
- 패널 및 포럼 형식의 역할극에 참여하여 아이디어 혹은 개념을 탐색하게 한다.
- 사건, 상황 및 체계를 극화하는 기회를 제공한다. 예를 들어, 과학반에서 학생들은 여러 다양한 식물, 기관 혹은 태양계의 기능을 역할극 형태로 수행하면서 탐색하게 한다.

프로젝트

- 문제를 파악하고 연구계획을 수립하도록 돕는다.
- 학생들로 하여금 어떤 문제 혹은 프로젝트 주제에 대해 알고 싶은 것이 무엇인지 또 모르는 것이 무엇인지 파악하도록 돕는다.
- 학생들에게 전통적 혹은 비전통적인 자원을 제공하여 프로젝트를 수행할 수 있도록 돕는다. 예를 들어, 배경 정보를 얻을 목적으로 인터뷰하고자 할 때 관련 분야에 종사하는 전문가로 누가 있는지 알아볼 때 도움을 준다.
- 학생들이 정보를 수집하고 분석할 수 있도록 방법론적인 도움을 제공한다. 예를 들어, 학생들에게 인터뷰를 실시하고, 설문지를 작성하고, 자료에서 편견이 있지 않은지 찾아보는 방법 등에 대해 지도한다.

독립연구

- 다음과 같은 특징을 갖는 실제 문제를 연구할 수 있도록 학생을 돕는다:
  - 문제를 연구할 때 인지적 및 학문적 흥미 외에 정서적으로, 내적으로 애착을 갖게 한다.
  - 실제 문제는 이미 알려져 있는 해결방안이 있거나 특별히 정해진 해결방안이 있는 것이 아니다. 그러므로 이상의 특징으로 인해 문제와 연습이 다른 것이다.
  - 학생들은 관심대상이 되는 청중의 행동, 태도 및 신념의 변화를 유발하고자 할 수 있으며, 무언가 과학, 예술 혹은 인문사회 영역에 새롭게 기여하고자 할 수 있다.
  - 학생이 만들어 낸 산출물 혹은 서비스는 어떤 특정의 존재하는 청중(예: 지역 역사학회)을 대상으로 한다.
- 학생에게 다양한 방법론적인 도움과 영역-특수적인 기술을 제공하여 실제 전문가가 연구하는 것처럼 주제를 탐색할 수 있도록 돕는다.
- 학생들이 정보 획득을 할 때 도움을 줄 수 있는 사사와 만나는 기회를 마련한다.

또래 교수

- 유사한 홍미를 갖는 또래와 짝을 지워주고 공유한 정보에서 상호 도움을 주고받을 수 있는 상황을 마련한다.
- 학생들로 하여금 특정 주제에 전문가가 되어 볼 수 있도록 배려하여 다른 주제를 연구한 학생들과 정보교환을 할 수 있게 한다.
- 자신의 전문성을 보여주는 기회를 모든 학생을 위해 마련한다.

상술 및 연습

- 정보를 기억해 내는 특수한 책략을 지도한다(예: 정보들 간에 서로 공통적인 원리를 파악하면 기억하기 쉽다, 학습하는 요소들 간의 관계를 찾아본다. 실제 맥락상황에 정보를 놓아본다).
- 속성에 기초하여 정보를 범주화하도록 권장한다.
- 학생의 흥미를 강화하는 게임형식을 포함한다.
- 학생들에게 스스로 연습섹션을 운용해 보도록 지도하고 철자를 연습하는 책략을 배우고 서로서로 연습할 수 있도록 돕는다.

토론

- 교사는 질문하는 수준을 다양하게 한다.
- 대답을 하기 전 그리고 집단별로 대답하는 것을 들은 후에 학생들이 생각할 시간을 준다.
- 학생들이 설명하고자 하는 바를 듣고 질문을 명확히 한 번 짚어주면서 학생의 반응을 확인한다.
- 토론에 학생들을 참여시키는 책략을 다양하게 한다. 탐색할 일련의 질문을 제공하고 개별 혹은 소집단별로 질문에 대답을 준비할 시간을 준다.
- 주제 및 개념에 대해 질문을 제기하게 하고 학생 서로 질문을 하도록 권장한다. 예를 들어, 학생 스스로 토론 집단을 구성하고 서로 질문에 답하게 한다.
- 학생을 문학토론집단에 참여시켜 읽은 책에 대해 서로 질문을 만들어 보게 한다. 학생들에게 질문을 해석하고 평가하도록 지도한다.

학습게임

- 학생들이 선택할 수 있는 다양한 선택안을 제공한다.

- 게임을 행동에 대한 보상책으로 사용하지 않는다. 교사가 교육과정에서 주안점을 두는 기술과 내용을 게임을 통해 강화할 수 있으므로 모든 학생들이 게임을 할 수 있어야 한다.
- 학생들이 지식을 사용하거나 지식이 정확하고 관련이 있는지 점검하는 요소가 있는 게임을 스스로 고안해 보게 한다.

참고문헌

❖ Bluestein, J. (Ed.). (1995). *Mentors, masters, and Mrs. MacGregor: Stories of teachers making a difference.* Deerfield Beach, FL: Health Communications.

본 책에서 언급했던 교사들의 공통된 특징은 이들 모두 개별 학생에 맞는 교육적 노력을 기울인다는 점이다. 이러한 노력은 내용만큼이나 교육과정에서 중요하다.

❖ Burns, D. E. (1990). *Pathways to investigative skills: Instructional lessons for guiding students from problem finding to final product.* Storrs, CT: Creative Learning Press, Inc.

학생들로 하여금 적극적으로 학습하도록 하는 방법은 그들 스스로 선택한 프로젝트에 참여할 기회를 부여하는 것이다. *Pathways*에서 제시한 10개 레슨을 통해서 교사와 학생은 실제 세계 연구과정을 경험하고 연구를 수행하는 기술을 발전시키고 산출물을 창출하고 발표하게 된다.

❖ Gardner, H. (2000). *Intelligence reframed: Multiple intelligences for the 21st century.* New York: Basic Books.

교사들이 학생에 대해 많이 알수록, 교실에서 학생 요구를 보다 잘 수용하게 된다. IQ검사로 테스트 할 수 있는 것보다 Gardner의 다중 지능 이론은 학생의 능력과 재능에 대해 폭넓게 이해할 수 있는 틀을 제공한다.

❖ Purcell, J. H., & Renzulli, J. S. (1998). *Total talent portfolio: A systematic plan to identify and nurture gifts and talents.* Storrs, CT: Creative Learning

Press, Inc.

학생의 능력, 흥미나 스타일에 대한 정보를 가짐으로써, 교사들은 각 학생을 위해 적절한 도전적인 학습경험을 개발해 줄 수 있다. 종합재능 기록표는 교사와 학생들이 재능기록표 안에 넣어둘 수 있는 정보의 종류를 보여주며 이들 정보를 사용하여 각 학생의 흥미와 재능을 북돋우는 계획과 목표를 어떻게 설정하는지를 소개한다.

❖ Reis, S. M., Burns, D. E., & Renzulli, J. S. (1992). *Curriculum compacting: The complete guide to modifying the regular curriculum for high ability students*. Storrs, CT: Creative Learning Press, Inc.

우수한 학생들은 다른 학생보다 빨리 정규 교육과정을 완전 학습한다. 이들 학생들을 위해 교육과정을 압축해 줌으로써 교사들은 깊이 있게 주제를 탐색해 볼 수 있는 심화활동 기회를 제공할 수 있다.

❖ Renzulli, J. S., Leppien, J. H., & Hays, T. S. (2000). *The multiple menu model: A practical guide for developing differentiated curriculum*. Storrs, CT: Creative Learning Press, Inc.

실제 전문가처럼 학생들도 실제-세계 상황에 참여하고 활동해 보는 주제를 제시함으로써 보다 의미심장하고, 관련이 있으며, 흥미진진하게 학습하게 해 줄 수 있다. 6개 메뉴 지침을 따라 교사들은 학생활동을 개발하고, 교수책략을 전개하고, 교육과정에 창의적인 생각을 불어 넣고, 학생들이 이해한 바를 보여주게 하는 여러 대안들을 제공할 수 있다.

❖ Renzulli, J. S., & Reis, S. M. (1997). *The schoolwide enrichment model: A how-to guide for educational excellence* (2nd ed.). Storrs, CT: Creative Learning Press, Inc.

학교 전체 심화모델을 통해서 교실에서 혼란을 야기하지 않고서도 개별 학생마다 흥미와 능력을 개발해 줄 수 있다. 이 실질적인 자원은 교사훈련 활동, 행동양식, 교육과정을 수정하는 지침 등을 제공해 준다.

❖ Tomlinson, C. A. (1999). *The differentiated classroom: Responding to the needs of all learners*. Alexandria, VA: Association for Supervision and

Curriculum Development.

차별화된 교실은 정규교실에서 차별화된 교수를 제공하는 실질적인 조언뿐 아니라 차별화된 학습을 전개하는 이론을 소개한다. 본 책의 3장에서 실제 레슨, 단원, 그리고 교수의 예를 통해 차별화 과정을 살펴볼 수 있다.

❖ Tomlinson, C. A. (2001). *How to differentiate instruction in mixed-ability classrooms* (2nd ed.). Alexandria, VA: Association for Supervision and Curriculum Development.

모든 학생은 똑같은 속도와 방법으로 학습하는 것이 아니므로, Tomlinson은 교사들에게 어떻게 학생들의 준비도, 흥미 및 재능을 차별화된 교수를 통해 적합하게 접근할 수 있는지를 보여준다. 책략들은 교육과정압축(Curriculum compacting), 옆 난 조사(Sidebar investigation), 약정(Contract), 그래픽 조직체(Graphic organizers)와 포트폴리오(Portfolio)를 수록하고 있다.

제 2 부

학습스타일 검사도구-3판의 개발

검사도구의 개발

내용 타당도(Content Validity)

이전 도구의 문항들에 대한 개관을 시작으로 장기간의 과정을 거쳐 학습스타일 검사도구의 최종판의 문항을 개발하였다. 도구를 교실에서 사용하였을 때 교실상황과 문항이 서로 일치하지 않는 문항에 대해서는 도구를 실시한 사람의 피드백을 수렴하였다. 예를 들어, 프로그램화된 교수 요인에 해당하는 문항에 대해서는 이와 같은 경험이 없는 학생들이 자주 질문을 하였다. 교실에서 사용하는 매체의 영향을 반영하는 문항을 첨가하자는 제안을 또한 수렴하였다.

영재교육 분야의 전문가들이 문항을 분석하였다. 대학교수, 대학원생, 현장 교사들이 이전 도구문항과 새로운 문항을 검토하여 초등학교와 중학교 상황에 대한 문항의 적합성을 결정하였고 그 외 각 문항이 얼마나 잘 요인 구조를 나타낼 것인지 검토하였다. 새로운 도구의 문항들은 다음과 같이 개발되었다.

첫째, 검사도구의 문단 처음에 동명사로 시작되는 문항을 바꾸었다. 예를 들어, "어떤 주제에 대해서 토론하는 중에 다른 학생들과 아이디어를 공유함"을 "토론 중에 다른 학생들과 아이디어를 공유한다"로 문항을 다시 기술하였다. 문항 5에서, "패널의 일원으로 현재 사건을 토론함"을 "패널에 참여하여 현재 사건에 대해 토론한다"로 수정하였다. 또한 일부 문항을 줄여 혼동을 없앴다. 예를 들어, "학생들로 전문가가 되어 교실에서 어떤 주제에 대해 아이디어를 제시하게 함"을 "교실에서 아이디어를 제시해 본다"로 바꾸었다. 다른 예들은 아래와 같다.

- "이해하기 어려운 것을 학습할 때 친구가 돕게 함"을 "어려운 것을 배울 때 친구의 도움을 받는다"로 변경하였다.
- "학습하라고 과제로 내어준 활동에 대해 교사는 질문함"을 "교사는 과제에 대해 질문한다"로 변경하였다.
- "Password 같은 게임을 하면서 어휘를 연습함"을 "단어 게임을 하면서 어휘를 연습한다"로 변경하였다.
- "문장을 완성하기 위해 빠진 단어를 채워 넣는 숙제를 함"을 "숙제 중에 빠진 단어를 채워 문장을 완성한다"로 변경하였다.
- "상대편 당과 경쟁하는 선거 캠페인 일원의 역할을 함으로써 선거과정에 대하여 학습함"을 "선거 캠페인 단원의 역할을 해 봄으로써 선거과정에 대해 배운다"로 변경하였다.
- "교실 친구에게서 문제를 해결하는 방법에 대한 새로운 정보를 학습함"을 "반 친구로부터 새로운 정보를 배운다"로 변경하였다.
- "위기 상황을 처리해야 하는 공무원의 역할을 수행해 봄으로써 정부가 어떤 일을 하는지 학습함"을 "지방 시민단체와 함께 활동하는 공

무원의 역할을 해 봄으로써 정부가 하는 일에 대해 배운다"로 변경하였다.

- "학생들로 하여금 곱셈표 혹은 미국의 전직 대통령의 이름을 암기하게 함"을 "학생들에게 배운 것을 기억하게 한다"로 변경하였다.
- "상대방 팀을 이기는 단어 알아맞히기 대회를 함"을 "반 친구들과 함께 단어 알아맞히기 게임을 한다"로 변경하였다.

또한 몇 개의 문항을 바꾸거나 제외하였다. 부정적인 의미가 함축되어 있어 "다른 친구들과 의견이 다르기 때문에 그 문제에 대해 논의함" 문항을 제외하였다. "많은 의문점이 있으나 이들 의문점에 대해 정답을 얻을 수 있는 과제를 수행함" 문항은 다른 문항과 유사하여 제외하였다. 마지막으로, 기술적인 도움으로 인해 "작성하고 싶은 보고서 때문에 도서관에서 연구함" 문항을 "연구하고 싶은 주제에 대한 정보를 찾기 위해 도서관에 가거나 인터넷을 검색한다"로 바꾸었다.

추가적으로 22개 문항을 개발하여 집단구성, 심화학습과 매체를 이용한 교실 활동에 대해 살펴보고자 하였다. 이들 문항들은 다음과 같다:

- 스스로 만든 질문을 수정하는 과제를 수행한다.
- 학습한 내용을 테스트하는 게임에 참여한다.
- 앞으로 하고 싶은 직업을 가진 사람을 인터뷰한다.
- 이미 알고 있는 것을 이해하도록 도움을 주는 친구와 함께 공부한다.
- 새로운 정보를 학습하기 위해 컴퓨터 게임을 한다.
- 학습 및 흥미 센터에서 학습한다.
- 컴퓨터 프로그램을 사용하여 문제를 해결한다.
- 각기 다른 역할을 맡는 집단활동에 참여하여 서로 맡은 바 역할을

잘 하도록 돕는다.

- 컴퓨터 프로그램을 사용하여 새로운 정보를 학습한다.
- 공부하는 주제에 대한 해답을 찾는데 컴퓨터 프로그램을 사용한다.
- 흥미로운 삶을 산 유명인의 역할을 해본다.
- 내가 관심 있는 특별 프로젝트를 친구들과 함께 한다.
- 공동의 주제에 흥미를 가진 사람들과 이메일을 교환한다.
- 해설자가 새로운 정보를 설명하는 비디오를 시청한다.
- 과학자, 언론인, 예술가 혹은 기타 전문가의 역할을 해 본다.
- 흥미 있는 주제에 대해 토론하는 채팅방이나 소식 난에 참여한다.
- 교사가 학생들이 알아야 할 것을 살펴본다.
- 공부하는 주제에 대해 더 알고 싶을 때 방송 프로그램을 본다.
- 정보를 배울 수 있도록 컴퓨터를 활용하는 활동을 한다.
- 컴퓨터 프로그램을 사용하여 알아야 할 것에 대한 정보를 살펴본다.
- 지금 수행중인 프로그램에 필요한 정보를 찾기 위해 인터넷을 사용한다.
- 인터넷 상에서 의견을 주고받는 활동에 참여한다.

전체 85문항의 학습스타일 검사도구가 개발되어 미국 전역의 초등학생과 중학교 학생들이 본 검사도구를 작성하였다. 그 후 수집된 자료를 분석하고 분석결과에 기초하여 학습스타일 검사도구-3판을 개발하게 되었다.

연구대상의 특징

14개 주 2,260명의 초등학생과 중학생이 참여하였으며, 코네티컷, 조지아, 아이오와, 일리노이, 인디애나, 미시간, 북 캐럴라이나, 남 다코타, 뉴저지, 오하이오, 펜실베이니아, 텍사스와 버지니아 주가 연구에 참여하였다. 각 학교별로 연구대상을 두 집단으로 나누었다(초등학생 1157명과 중학생 1103명). 학년, 인종, 성 및 학교급에 따라 무선 층화 표집(Stratified random sample)함으로써 2개 집단으로 나누었다. [도표 1]~[도표 5]는 하위 연구대상별 초등학교와 중학교의 인구학적 특징이다.

[도표 1] 학생 분포(학년별 퍼센트)

학교급	학년	표본 1 (n =1113)	표본2 (n =1147)
초등학교	2	8.5	10.4
	3	22.2	21.7
	4	33.6	37.4
	5	35.7	30.5
중학교	6	49.2	49.7
	7	26.8	25.6
	8	24.0	24.7

[도표 2] 인종 분포(표본별 퍼센트)

	초등학교		중학교	
인종	표본 1E (n =568)	표본 2E (n =589)	표본 1M (n =545)	표본 2M (n =558)
아프리카계	3.7	3.4	1.6	1.5
아시아계	1.9	2.5	1.3	.9
히스패닉/라틴계	4.2	5.4	.4	.5
인디안	.2	.7	1.7	.7
코카사시안계	88.9	86.8	95.0	96.2
기타	1.1	1.2	0.0	.2

[도표 3] 성별 분포(표본별 퍼센트)

	초등학교		중학교	
성	표본 1E (*n* =568)	표본 2E (*n* =589)	표본 1M (*n* =545)	표본 2M (*n* =558)
여자	52.5	48.2	50.1	52.6
남자	47.5	51.8	49.9	47.2
무 기재				.2

[도표 4] 반 배정(표본별 퍼센트)

	초등학교		중학교	
반 배정	표본 1E (*n* =568)	표본 2E (*n* =589)	표본 1M (*n* =545)	표본 2M (*n* =558)
일반 교육	49.5	47.7	73.2	69.9
영재 교육	40.3	42.1	15.6	18.6
학습장애(LD)	5.1	3.4	7.9	7.3
특수 교육	.9	2.2	.4	.4
기타	4.2	4.6	2.9	3.8

[도표 5] 지역(표본별 퍼센트)

	초등학교		중학교	
지역	표본 1E (*n* =568)	표본 2E (*n* =589)	표본 1M (*n* =545)	표본 2M (*n* =558)
도시	15.0	18.8	1.1	1.3
도시 주변	39.6	39.7	64.2	59.4
지방	45.4	41.5	34.7	39.1
무 기재				.2

구인 타당도(Construct Validity)

탐색적 요인분석(Exploratory Factor Analysis)

SPSS 10.0을 사용하여 표본 1E와 표본 1M에 대해 탐색적 요인 분석을 실시하였다. 주요인분석을 실시하여 요인을 추출하였다. 문항을 개발할 때 바탕을 둔 이론을 토대로, 9개 요인을 추출하였다. Varimax 회전 방법으로 요인을 추출한 후에, 초등학생 표본에 대해서는 7개 요인을, 중학교 표본에 대해서는 8개 요인을 확인하였다. 각 경우에, 충분한 문항수로 구인을 정의하는 요인을 선정하였다. Gable과 Wolf (1993)가 제안한 바대로 최소 .40의 수치로 요인에 부하되고 다른 요인에 부하되지 않은 문항들만 선정하였다. 탐색적 요인 분석을 통해, 요인 구조를 살펴보고 도구의 개념적 실제성을 점검하였다. 내용에서 겹치는 부분이 있는 문항들은 제외하였다. 이에 초등학생용 검사는 61문항 그리고 중학생용 검사는 68문항을 최종적으로 선정하게 되었다. 요인들을 [도표 6]에 제시하였고 [도표 7]과 [도표 8]에 각 요인을 구성하는 문항을 제시하였다.

[도표 6] 표본별 요인

초등 학교	중학교
직접 교수	직접 교수
매체를 활용한 교수	매체를 활용한 교수
시뮬레이션	시뮬레이션
독립 연구	독립 연구
프로젝트	프로젝트
또래교수	또래 교수
상술 및 연습	없음
없음	토론
없음	학습게임

[도표 7] 요인별 문항: 초등학교 샘플(탐색적 분석)

문항	요인 I	II	III	IV	V	VI	VII
요인 1: 직접 교수							
선생님께서 제시해 주시는 정보를 듣는다.	.73						
선생님께서 공부할 것을 보여주실 때 듣는다.	.30						
선생님께서 어떤 주제에 대해 다양한 관점을 제시하는 것을 듣는다.	.64						
선생님께서 새로운 정보에 대해 설명하시는 것을 듣는다.	.63						
선생님께서 새로운 주제에 대한 토론을 이끌어 나가신다.	.57						
선생님께서 어떻게 하는 것인지 특별한 방법을 알려주신다.	.55						
선생님께서 학생들이 알아야 하는 것을 검토해 주신다.	.52						
선생님께서 알려주시는 것을 보고 새로운 것을 배운다.	.50						
선생님께서는 학생들에게 기대하시는 것이 분명하시다.	.48						
요인 2: 매체를 활용한 교수							
정보를 찾으려고 컴퓨터를 활용한다.		.72					
알아야 할 것에 대해서는 컴퓨터 프로그램을 사용하여 정보를 찾는다.		.67					
컴퓨터 프로그램을 사용하여 새로운 정보를 배운다.		.67					
인터넷을 사용하여 프로젝트를 할 때 도움을 얻는다.		.62					
공부하는 주제에 대한 해답을 찾는데 컴퓨터를 사용한다.		.60					
인터넷상에서 의견을 주고받는 활동에 참여한다.		.58					
컴퓨터 프로그램을 사용하여 문제를 해결한다.		.56					
공부하는 주제에 대해 정보가 필요할 때 도서관 혹은 인터넷에서 자료를 찾는다.		.52					

[도표 7] (계속)

문항	요인						
	I	II	III	IV	V	VI	VII
흥미 있는 주제에 대해 토론하는 채팅방 혹은 소식 난에 참여한다.		.47					
공부하는 주제에 대해 더 알고 싶을 때 방송 프로그램을 본다.		.43					
해설자가 새로운 정보를 설명하는 비디오를 시청한다.		.41					
새로운 정보를 학습하기 위해 컴퓨터 게임을 한다.		.37					
요인 3: 시뮬레이션							
진로 상담자의 역할을 해보거나 구직자의 역할을 하는 학생들을 인터뷰해 봄으로써 직업에 대해 공부한다.			.68				
지역시민 단체와 함께 활동하는 공무원의 역할을 해봄으로써 정부가 하는 일에 대해 배운다.			.66				
과학자, 언론가, 예술가 혹은 기타 다른 전문가의 역할을 해본다.			.60				
선거 캠페인 단원의 역할을 해봄으로써 선거과정에 대해 배운다.			.60				
흥미로운 삶을 산 유명인의 역할을 해본다.			.59				
독립선언서 서명 같은 사건을 해봄으로써 독립선언에 대해 배운다.			.58				
앞으로 하고 싶은 직업을 가진 사람을 인터뷰한다.			.54				
반 전체에 레슨발표를 준비하는 위원회와 함께 활동한다.			.45				

[도표 7] (계속)

문항	요인 I	II	III	IV	V	VI	VII
요인 4: 독립 연구							
흥미로운 주제에 대한 정보를 스스로 수집한다.				.72			
반 친구들에게 발표할 자료를 스스로 준비한다.				.66			
독립적으로 스스로 선택한 프로젝트를 한다.				.64			
혼자서 새로운 정보를 학습한다.				.64			
내가 선택한 주제를 스스로 공부한다.				.63			
반 친구들과 공유할 자료를 스스로 준비한다.				.62			
스스로 할 프로젝트 계획을 세운다.				.60			
혼자서 도서관에 가서 어떤 주제에 대한 정보를 찾는다.				.57			
내가 선택한 주제에 대해서 배우려고 책을 읽는다.				.52			
요인 5: 프로젝트							
친구들과 함께 프로젝트를 계획하고 끝마친다.					.58		
선생님께서 말씀해 주신 프로젝트를 친구들과 함께 한다.					.57		
어떤 주제에 대해 반 친구들과 함께 프로젝트 계획을 세운다.					.56		
선생님 도움을 조금만 받고 대신 친구들과 함께 프로젝트를 한다.					.56		
여러 친구들과 함께 공부할 내용에 대해 이야기 한다.					.50		
내가 관심 있는 특별 프로젝트를 친구들과 함께 한다.					.50		
정보를 찾기 위해 연구를 같이 하는 친구들과 도서관에 간다.					.46		
연구를 같이 하는 친구들과 함께 보고서를 준비한다.					.43		
흥미 있는 주제에 대해 반 친구들과 이야기를 나눈다.					.40		

[도표 7] (계속)

문항	요인 I	II	III	IV	V	VI	VII
요인 6: 또래 교수							
어려운 것을 배울 때 친구의 도움을 받는다.						.64	
학교 숙제를 도와줄 친구와 함께 교실 뒤에서 공부한다.						.58	
반 친구로부터 새로운 정보를 배운다.						.56	
친구가 잘하는 것에 대해서는 친구에게 배운다.						.54	
시험공부를 할 때 친구와 함께 한다.						.53	
요인 7: 상술 및 연습							
선생님께서 이름을 부르면 그 학생이 질문에 대답한다.							.62
학생들이 배운 것을 알고 있는지 선생님께서 질문을 하신다.							.55
우리 팀이 공부한 주제에 대해 정확하게 대답하는지 대회를 열어 알아보신다.							.52
선생님께서 학생 이름을 불러 공부한 것을 기억하는지 알아보신다.							.52
다른 친구들과 함께 단어 알아맞히기를 한다.							.42
선생님께서 읽은 이야기를 이해하는지 알아보시려고 쪽지 시험을 보신다.							.42
질문에 대해 내 답이 정확한지 숙제를 해서 알아본다.							.42
혼자서 정확하게 할 수 있는 문제를 푼다.							.38
문장에서 빠진 단어를 채워 넣는 숙제를 한다.							.32

[도표 8] 요인별 문항: 중학교 샘플(탐색적 요인 분석)

문항	요인							
	I	II	III	IV	V	VI	VII	VIII
요인 1: 직접 교수								
선생님께서 공부할 것을 보여주실 때 듣는다.	.76							
선생님께서 제시해 주시는 정보를 듣는다.	.75							
선생님께서 어떤 주제에 대해 다양한 관점을 제시하는 것을 듣는다.	.73							
선생님께서 새로운 정보에 대해 설명하시는 것을 듣는다.	.72							
선생님께서 새로운 주제에 대한 토론을 이끌어 나가신다.	.66							
선생님께서 알려주시는 것을 보고 새로운 것을 배운다.	.66							
선생님께서 어떻게 하는 것인지 특별한 방법을 알려주신다.	.56							
선생님께서는 우리가 배운 것을 알아보시려고 질문을 하신다.	.54							
선생님께서는 학생들에게 기대하시는 것이 분명하시다.	.53							
선생님께서 학생들이 알아야 할 것을 검토해 주신다.	.53							
선생님께서 말씀하실 때 필기를 한다.	.50							
선생님께서 학생의 이름을 지목하면 질문에 대답한다.	.45							
요인 2: 매체를 활용한 교수								
컴퓨터 프로그램을 사용하여 새로운 정보를 배운다.		.85						
알아야 할 것에 대해서는 컴퓨터 프로그램을 사용하여 정보를 찾는다.		.81						

[도표 8] (계속)

문항	요인 I	II	III	IV	V	VI	VII	VIII
정보를 찾으려고 컴퓨터를 활용한다.		.79						
컴퓨터 프로그램을 사용하여 문제를 해결한다.		.78						
공부하는 주제에 대한 해답을 찾는데 컴퓨터를 사용한다.		.72						
새로운 정보를 학습하기 위해 컴퓨터 게임을 한다.		.72						
인터넷을 사용하여 프로젝트를 할 때 필요한 정보를 찾는다.		.67						
인터넷상에서 의견을 주고받는 활동에 참여한다.		.64						
공부하는 주제에 대해 정보가 필요할 때 도서관 혹은 인터넷에서 자료를 찾는다.		.52						
공동의 주제에 흥미를 가진 사람들과 이메일을 교환한다.		.51						
흥미 있는 주제에 대해 토론하는 채팅방 혹은 소식난에 참여한다.		.46						
해설자가 새로운 정보를 설명하는 비디오를 시청한다.		.42						
공부하는 주제에 대해 더 알고 싶을 때 방송 프로그램을 본다.		.41						
요인 3: 시뮬레이션								
지역시민 단체와 함께 활동하는 공무원의 역할을 해봄으로써 정부가 하는 일에 대해 배운다.			.72					
흥미로운 삶을 산 유명인의 역할을 해본다.			.71					
과학자, 언론가, 예술가 혹은 기타 다른 전문가의 역할을 해본다.			.71					

[도표 8] (계속)

문항	요인 I	II	III	IV	V	VI	VII	VIII
선거 캠페인 단원의 역할을 해봄으로써 선거과정에 대해 배운다.			.69					
독립선언서 서명 같은 사건을 해봄으로써 독립선언에 대해 배운다.			.67					
진로 상담자의 역할을 해보거나 구직자의 역할을 하는 학생들을 인터뷰해 봄으로써 직업에 대해 공부한다.			.69					
앞으로 하고 싶은 직업을 가진 사람을 인터뷰한다.			.51					
반 전체에 레슨발표를 준비하는 위원회와 함께 활동한다.			.40					
요인 4: 독립 연구								
독립적으로 스스로 선택한 프로젝트를 한다.				.78				
스스로 할 프로젝트 계획을 세운다.				.77				
반 친구들에게 발표할 자료를 스스로 준비한다.				.74				
내가 선택한 주제를 스스로 공부한다.				.73				
흥미로운 주제에 대한 정보를 스스로 수집한다.				.73				
반 친구들과 공유할 자료를 스스로 준비한다.				.72				
혼자서 새로운 정보를 학습한다.				.60				
혼자서 도서관에 가서 어떤 주제에 대한 정보를 찾는다.				.49				
내가 선택한 주제에 대해서 배우려고 책을 읽는다.				.44				

[도표 8] (계속)

문항	요인 I	II	III	IV	V	VI	VII	VIII
요인 5: 프로젝트								
어떤 주제에 대해 반 친구들과 함께 프로젝트 계획을 세운다.					.70			
친구들과 함께 프로젝트를 계획하고 끝마친다.					.65			
선생님께서 말씀해 주신 프로젝트를 친구들과 함께 한다.					.64			
선생님 도움을 조금만 받고 대신 친구들과 함께 프로젝트를 한다.					.62			
내가 관심 있는 특별 프로젝트를 친구들과 함께 한다.					.61			
연구를 같이 하는 친구들과 함께 보고서를 준비한다.					.51			
여러 친구들과 함께 공부할 내용에 대해 이야기한다.					.49			
친구마다 역할이 다르면서 서로 돕는 집단활동에 참여한다.					.45			
요인 6: 또래 교수								
친구가 잘하는 것에 대해서는 친구에게 배운다.						.70		
반 친구로부터 새로운 정보를 배운다.						.60		
어려운 것을 배울 때 친구의 도움을 받는다.						.54		
학교 숙제를 도와줄 친구와 함께 교실 뒤에서 공부한다.						.53		
시험공부를 할 때 친구와 함께 한다.						.51		
숙제를 친구와 함께 살펴보고 같이 한다.						.49		

[도표 8] (계속)

문항	요인 I	II	III	IV	V	VI	VII	VIII
요인 7: 토론								
어떤 주제에 대해 토론하는 동안 다른 친구의 생각을 듣는다.							.66	
반 친구들에게 학생들은 자신의 생각을 발표한다.							.63	
어떤 과목에서 의견을 발표하는 친구의 이야기를 듣는다.							.60	
토론하는 동안 다른 친구들과 생각을 교환한다.							.53	
선생님께서 말씀하신 주제에 대해 토론한다.							.46	
흥미 있는 주제에 관해 반 친구들과 이야기를 나눈다.							.44	
요인 8: 학습 게임								
단어 게임을 하면서 어휘를 연습한다.								.63
반 친구들과 함께 단어 알아맞히기 게임을 한다.								.62
배운 내용을 테스트하기 위해 게임에 참여한다.								.59
배운 것을 연습하기 위해 카드를 사용하여 게임을 한다.								.59
팀을 나누어 교실에서 배운 주제에 대해 정확하게 대답하는 대회를 연다.								.54
보드 게임을 해서 교과목에서 배운 것을 연습한다.								.53

제거한 항목

탐색적 요인 분석을 통해서, 요인 구조를 파악하고 도구의 개념적 실제성을 점검하였으며 내용이 겹치는 문항은 제거하였다. Gable과

Wolf (1993)가 제안한 바대로 부하값 .40을 적용하여 각 문항을 제거하였다. 제거한 문항들은 크게 신뢰도에 영향을 미치지 않았다.

직접 교수

- 선생님께서 정보를 제시하여 새로운 것을 배운다(양 검사도구에서 제외).
- 선생님께서 학생을 호명하여 질문에 대답하게 하신다(중학생용 도구에서만 제외).

매체를 활용한 교수

- 배운 주제에 대해 대답하는 컴퓨터 프로그램을 사용한다(양 검사도구에서 제외).
- 공부할 주제에 필요한 정보를 도서관이나 인터넷에서 찾는다(양 검사도구에서 제외).
- 컴퓨터 게임을 해서 새로운 정보를 배운다(양 검사도구에서 제외).

독립 연구

- 반 친구들과 함께 나눌 자료를 스스로 준비하느라 공부한다(양 검사도구에서 제외).

상술 및 반복

- 숙제로 빠진 단어를 채워 넣어 문장을 완성한다.

확인적 요인분석(Confirmatory Factor Analysis)

탐색적 요인 분석과 비교 분석하기 위해, AMOS 4.0(Arbuckle & Wothke, 1999)을 사용하여 초등학생용과 중학생용 각각의 도구와 표본에 대해 별도의 확인적 요인 분석을 실시하였다(CFA). 분석의 이름처럼, 이 분석은 독립된 표본을 사용하여 탐색적 요인 분석에서 개발된 요인 구조를 확인한다. 모델은 탐색적 요인 분석의 결과를 반영한다. [도표 9]와 [도표 10]에서 나타난 바와 같이, 모든 문항들은 기대한 바대로 각 요인에 부하되었다. [도표 11]은 이들 분석결과를 나타낸다. 본 표에 나타난 수치에서 볼 수 있듯이 본 검사도구의 요인 구조를 적절하게 설명하고 있다. RMSEA를 제외하고 1.0에 가까운 값들은 좋은 모델 적합성을 나타낸다. Byrne(1989)가 말한 바대로, .90보다 큰 값은 적절한 모델 적합성을 나타낸다고 해석할 수 있다. RMSEA의 값이 적을 것으로 기대되었다. Loehlin(1998)에 의하면 .05보다 작은 값은 모델의 적합성을 나타낸다. 어떤 경우에든지, 모든 값들은 이상적인 모델에 가깝다는 것을 보여주고 있다. 그러므로 전집과 매우 유사한 인구학적 특징을 가진 독립 표본을 대상으로 실시하였을 때 탐색적 요인 분석의 결과를 지지한다고 할 수 있다.

신뢰도(Reliability)

초등학생용 및 중학생용 도구에 대해서 각 요인에 대해 Cronbach Alpha 신뢰도를 산출하였다. 각 수준에서 전체 표집에 근거하여 이들 신뢰도를 산출하였다. 본 검사도구의 신뢰도는 개별 하위척도는 물론 전체 도구가 신뢰롭다는 점을 지지한다. 내적 일관성은 요인의 마지막 형태에 근거하여(즉, 탐색적 요인 분석 후 문항을 제거한 다음) 산출하였다. [도표 12]와 [도표 13]에 각각 초등학생용과 중학생용의 alpha 신뢰도를 제시하였다.

예측한 바대로, 중학생용 도구의 신뢰도는 초등학생용 도구보다 높게 나타났다. 또한 척도가 길수록 짧은 척도보다 약간 높은 신뢰도를 나타내었다.

[도표 9] 요인별 문항: 초등학교 샘플(확인적 분석)

문항	요인 I	II	III	IV	V	VI	VII
요인 1: 직접 교수							
선생님께서 제시해 주시는 정보를 듣는다.	.79						
선생님께서 공부할 것을 보여주실 때 듣는다.	.74						
선생님께서 어떤 주제에 대해 다양한 관점을 제시하는 것을 듣는다.	.72						
선생님께서 새로운 주제에 대한 토론을 이끌어 나가신다.	.65						
선생님께서 학생들이 알아야 하는 것을 검토해 주신다.	.64						
선생님께서 새로운 정보에 대해 설명하시는 것을 듣는다.	.63						
선생님께서 어떻게 하는 것인지 특별한 방법을 알려주신다.	.62						
선생님께서는 학생들에게 기대하시는 것이 분명하시다.	.53						
요인 2: 매체를 활용한 교수							
정보를 찾으려고 컴퓨터를 활용한다.		.73					
컴퓨터 프로그램을 사용하여 새로운 정보를 배운다.		.69					
알아야 할 것에 대해서는 컴퓨터 프로그램을 사용하여 정보를 찾는다.		.67					
인터넷을 사용하여 프로젝트를 할 때 도움을 얻는다.		.67					
인터넷상에서 의견을 주고받는 활동에 참여한다.		.63					
컴퓨터 프로그램을 사용하여 문제를 해결한다.		.61					
흥미 있는 주제에 대해 토론하는 채팅방 혹은 소식 난에 참여한다.		.50					
해설자가 새로운 정보를 설명하는 비디오를 시청한다.		.50					
공부하는 주제에 대해 더 알고 싶을 때 방송 프로그램을 본다.		.47					

[도표 9] (계속)

문항	요인 I	II	III	IV	V	VI	VII
요인 3: 시뮬레이션							
지역시민 단체와 함께 활동하는 공무원의 역할을 해봄으로써 정부가 하는 일에 대해 배운다.			.70				
진로 상담자의 역할을 해보거나 구직자의 역할을 하는 학생들을 인터뷰해 봄으로써 직업에 대해 공부한다.			.68				
과학자, 언론가, 예술가 혹은 기타 다른 전문가의 역할을 해본다.			.65				
흥미로운 삶을 산 유명인의 역할을 해본다.			.65				
선거 캠페인 단원의 역할을 해봄으로써 선거과정에 대해 배운다.			.62				
반 전체에 레슨발표를 준비하는 위원회와 함께 활동한다.			.56				
앞으로 하고 싶은 직업을 가진 사람을 인터뷰한다.			.52				
독립선언서 서명 같은 사건을 해봄으로써 독립선언에 대해 배운다.			.40				
요인 4: 독립 연구							
내가 선택한 주제를 스스로 공부한다.				.70			
반 친구들에게 발표할 자료를 스스로 준비한다.				.66			
스스로 할 프로젝트 계획을 세운다.				.65			
흥미로운 주제에 대한 정보를 스스로 수집한다.				.65			
독립적으로 스스로 선택한 프로젝트를 한다.				.65			
혼자서 새로운 정보를 학습한다.				.53			
혼자서 도서관에 가서 어떤 주제에 대한 정보를 찾는다.				.48			
내가 선택한 주제에 대해서 배우려고 책을 읽는다.				.43			

[도표 9] (계속)

문항	요인						
	I	II	III	IV	V	VI	VII
요인 5: 프로젝트							
친구들과 함께 프로젝트를 계획하고 끝마친다.					.74		
어떤 주제에 대해 반 친구들과 함께 프로젝트 계획을 세운다.					.71		
내가 관심 있는 특별 프로젝트를 친구들과 함께 한다.					.68		
선생님께서 말씀해 주신 프로젝트를 친구들과 함께 한다.					.59		
연구를 같이 하는 친구들과 함께 보고서를 준비한다.					.50		
흥미 있는 주제에 대해 반 친구들과 이야기를 나눈다.					.49		
여러 친구들과 함께 공부할 내용에 대해 이야기 한다.					.46		
선생님 도움을 조금만 받고 대신 친구들과 함께 프로젝트를 한다.					.40		
정보를 찾기 위해 연구를 같이 하는 친구들과 도서관에 간다.					.40		
요인 6: 또래 교수							
학교 숙제를 도와줄 친구와 함께 교실 뒤에서 공부한다.						.65	
어려운 것을 배울 때 친구의 도움을 받는다.						.61	
친구가 잘하는 것에 대해서는 친구에게 배운다.						.62	
시험공부를 할 때 친구와 함께 한다.						.60	
반 친구로부터 새로운 정보를 배운다.						.54	

[도표 9] (계속)

문항	I	II	III	IV	V	VI	VII
				요인			
요인 7: 상술 및 연습							
학생들이 배운 것을 알고 있는지 선생님께서 질문을 하신다.							.68
선생님께서 학생 이름을 불러 공부한 것을 기억하는지 알아보신다.							.64
선생님께서 이름을 부르면 그 학생이 질문에 대답한다.							.64
선생님께서 읽은 이야기를 이해하는지 알아보시려고 쪽지 시험을 보신다.							.57
질문에 대해 내 답이 정확한지 숙제를 해서 알아본다.							.48
다른 친구들과 함께 단어 알아맞히기를 한다.							.44
혼자서 정확하게 할 수 있는 문제를 푼다.							.44
문장에서 빠진 단어를 채워 넣는 숙제를 한다.							.40
우리 팀이 공부한 주제에 대해 정확하게 대답하는지 대회를 열어 알아보신다.							.40

요인 기술(Factor Description)

초등학생용에 대해 탐색적 요인 분석을 실시하였을 때, 7개 요인이 산출되었고, 중학생용에 대해서는 8개의 요인이 산출되었다. 이들 요인 구조는 확인적 요인 분석에서도 안정적인 것으로 나타났으며, alpha 신뢰도가 적절한 것으로 나타났다.

[도표 10] 요인별 문항: 중학교 샘플(확인적 분석)

문항	요인							
	I	II	III	IV	V	VI	VII	VIII
요인 1: 직접 교수								
선생님께서 제시해 주시는 정보를 듣는다.	.79							
선생님께서 공부할 것을 보여주실 때 듣는다.	.78							
선생님께서 어떤 주제에 대해 다양한 관점을 제시하는 것을 듣는다.	.74							
선생님께서 새로운 정보에 대해 설명하시는 것을 듣는다.	.71							
선생님께서 새로운 주제에 대한 토론을 이끌어 나가신다.	.68							
선생님께서는 우리가 배운 것을 알아보시려고 질문을 하신다.	.59							
선생님께서 학생들이 알아야 하는 것을 검토해 주신다.	.57							
선생님께서는 학생들에게 기대하시는 것이 분명하시다.	.54							
선생님께서 어떻게 하는 것인지 특별한 방법을 알려주신다.	.52							
선생님께서 말씀하실 때 필기를 한다.	.55							
요인 2: 매체를 활용한 교수								
컴퓨터 프로그램을 사용하여 새로운 정보를 배운다.		.85						
알아야 할 것에 대해서는 컴퓨터 프로그램을 사용하여 정보를 찾는다.		.85						
정보를 찾으려고 컴퓨터를 활용한다.		.79						
컴퓨터 프로그램을 사용하여 문제를 해결한다.		.78						

[도표 10] (계속)

문항	요인							
	I	II	III	IV	V	VI	VII	VIII
인터넷을 사용하여 프로젝트를 할 때 필요한 정보를 찾는다.		.69						
인터넷상에서 의견을 주고받는 활동에 참여한다.		.64						
공동의 주제에 흥미를 가진 사람들과 이메일을 교환한다.		.54						
흥미 있는 주제에 대해 토론하는 채팅방 혹은 소식난에 참여한다.		.46						
공부하는 주제에 대해 더 알고 싶을 때 방송 프로그램을 본다.		.45						
해설자가 새로운 정보를 설명하는 비디오를 시청한다.		.40						
요인 3: 시뮬레이션								
과학자, 언론가, 예술가 혹은 기타 다른 전문가의 역할을 해본다.			.76					
흥미로운 삶을 산 유명인의 역할을 해본다.			.75					
지역시민 단체와 함께 활동하는 공무원의 역할을 해봄으로써 정부가 하는 일에 대해 배운다.			.71					
선거 캠페인 단원의 역할을 해봄으로써 선거과정에 대해 배운다.			.68					
독립선언서 서명 같은 사건을 해봄으로써 독립선언에 대해 배운다.			.65					
진로 상담자의 역할을 해보거나 구직자의 역할을 하는 학생들을 인터뷰해 봄으로써 직업에 대해 공부한다.			.64					

[도표 10] (계속)

문항	요인							
	I	II	III	IV	V	VI	VII	VIII
반 전체에 레슨발표를 준비하는 위원회와 함께 활동한다.			.50					
앞으로 하고 싶은 직업을 가진 사람을 인터뷰한다.			.47					
요인 4: 독립 연구								
독립적으로 스스로 선택한 프로젝트를 한다.				.76				
내가 선택한 주제를 스스로 공부한다.				.75				
흥미로운 주제에 대한 정보를 스스로 수집한다.				.75				
스스로 할 프로젝트 계획을 세운다.				.71				
반 친구들과 공유할 자료를 스스로 준비한다.				.70				
혼자서 새로운 정보를 학습한다.				.60				
혼자서 도서관에 가서 어떤 주제에 대한 정보를 찾는다.				.51				
내가 선택한 주제에 대해서 배우려고 책을 읽는다.				.47				
요인 5: 프로젝트								
어떤 주제에 대해 반 친구들과 함께 프로젝트 계획을 세운다.					.81			
친구들과 함께 프로젝트를 계획하고 끝마친다.					.73			
선생님께서 말씀해 주신 프로젝트를 친구들과 함께 한다.					.69			
내가 관심 있는 특별 프로젝트를 친구들과 함께 한다.					.69			
친구마다 역할이 다르면서 서로 돕는 집단활동에 참여한다.					.60			

[도표 10] (계속)

문항	요인							
	I	II	III	IV	V	VI	VII	VIII
여러 친구들과 함께 공부할 내용에 대해 이야기한다.					.57			
선생님 도움을 조금만 받고 대신 친구들과 함께 프로젝트를 한다.					.55			
연구를 같이 하는 친구들과 함께 보고서를 준비한다.					.47			
요인 6: 또래 교수								
반 친구로부터 새로운 정보를 배운다.						.70		
시험공부를 할 때 친구와 함께 한다.						.69		
학교 숙제를 도와줄 친구와 함께 교실 뒤에서 공부한다.						.66		
숙제를 친구와 함께 살펴보고 같이 한다.						.62		
친구가 잘하는 것에 대해서는 친구에게 배운다.						.62		
어려운 것을 배울 때 친구의 도움을 받는다.						.60		
요인 7: 토론								
어떤 과목에서 의견을 발표하는 친구의 이야기를 듣는다.							.68	
어떤 주제에 대해 토론하는 동안 다른 친구의 생각을 듣는다.							.67	
토론하는 동안 다른 친구들과 생각을 교환한다.							.65	
반 친구들에게 학생들은 자신의 생각을 발표한다.							.54	
흥미 있는 주제에 관해 반 친구들과 이야기를 나눈다.							.52	
선생님께서 말씀하신 주제에 대해 토론한다.							.46	

[도표 10] (계속)

문항	I	II	III	IV	V	VI	VII	VIII
				요인				
요인 8: 학습 게임								
배운 내용을 테스트하기 위해 게임에 참여한다.								.69
배운 것을 연습하기 위해 카드를 사용하여 게임을 한다.								.69
단어 게임을 하면서 어휘를 연습한다.								.66
보드 게임을 해서 교과목에서 배운 것을 연습한다.								.59
팀을 나누어 교실에서 배운 주제에 대해 정확하게 대답하는 대회를 연다.								.58
반 친구들과 함께 단어 알아맞히기 게임을 한다.								.54

앞서 언급한 바처럼, 개념적으로 요인들은 도구와 요인에 대한 기술 사이에서 다음과 같은 유사성을 볼 수 있다(필요에 따라 기술한 도구에서 약간의 차이가 있음):

직접 교수: 교사가 직접 학습내용을 투입하는 것과 관련이 있는 문항

[도표 11] 교차 표본에 대한 모델 적합지수

적합지수	NFI	IFI	TLI	GFI	PNFI	RMSEA
초등학교	.943	.939	.958	.961	.877	.060
중학교	.936	.957	.954	.957	.876	.058

주: NFI = Bentler-Bonnett Normed Fit Index; IFI = Incremental Fit Index; TLI = Tucker-Lewis Coefficient; CFI = Comparative Fit Index; PNFI = Parsimony-adjusted NFI; RMSEA = Root Mean Square Error of Approximation.

[도표 12] Alpha 신뢰도 계수: 초등학생용

요인	신뢰도
직접 교수	.85
매체를 활용한 교수	.83
시뮬레이션	.83
독립 연구	.80
프로젝트	.80
상술 및 연습	.78
또래 교수	.74

[도표 13] Alpha 신뢰도 계수: 중학생용

요인	신뢰도
직접 교수	.89
매체를 활용한 교수	.88
시뮬레이션	.86
독립 연구	.85
프로젝트	.84
또래교수	.79
학습 게임	.78
토론	.76

들로 구성된다. 직접 교수란 말이 의미하듯이, 이 요인에 부하되는 문항들은 교사가 학습 내용을 제시하고, 새로운 정보를 설명하고, 다양한 관점을 제시하는 것 등이 포함된다. 또한 교사가 직접 방향을 제시하거나 토론을 이끌어 나가는 것도 요인에 포함된다. [도표 14]에서 볼 수 있듯이, 초등학생용 도구에는 8개 문항이 직접 교수의 문항이다. 중학생용 도구에는 2개의 부가적인 문항이 포함되는데

[도표 14] 요인별 문항: 직접 교수

선생님께서 새로운 정보에 대해 설명하시는 것을 듣는다.
선생님께서 어떻게 하는 것인지 특별한 방법을 알려주신다.
선생님께서는 학생들에게 기대하시는 것이 분명하시다.
선생님께서 공부할 것을 보여주실 때 듣는다.
선생님께서 새로운 주제에 대한 토론을 이끌어 나가신다.
선생님께서 제시해 주시는 정보를 듣는다.
선생님께서 어떤 주제에 대해 다양한 관점을 제시하는 것을 듣는다.
선생님께서 학생들이 알아야 하는 것을 검토해 주신다.
선생님께서 말씀하실 때 필기를 한다(중학생용 만).
선생님께서는 우리가 배운 것을 알아보시려고 질문을 하신다(중학생용 만).

이들 문항들은 일반적으로 초등학교에서 볼 수 없고 중학교에서 볼 수 있는 바를 기술한다. [도표 14]에서 이들 문항 옆에 "중학생용만"이라는 문구를 써 놓았다.

직접 교수 요인의 대부분 문항들은 이전 *LSI* 도구의 강의 요인에 근거한다. 이전 도구의 기타 다른 요인, 특히, 토론과 프로그램화된 교수에서 나온 문항을 본 요인에 포함하였다는 점을 보여주기 위해 요인의 이름을 바꾸었다. 이전의 초등학생용 도구에서 볼 수 있는 프로그램화된 교수의 문항들이 상술 및 연습 요인에 포함되었음을 미리 밝힌다.

매체를 활용한 교수: 초등학생용 도구에는 9문항 그리고 중학생용 도구에는 10문항이 매체를 활용한 교수 요인에 해당된다. 본 요인에 해당되는 문항들은 모두 컴퓨터 및 기타 교육매체의 활용과 관계가 있다. 컴퓨터를 사용하여 새로운 정보를 배우고, 정보를 살펴보고, 상호작용한다. 인터넷을 사용하고 이메일을 통해서 채팅방에서 의사소통하는 것 또한 매체를 활용한 교수 요인에 포함된다. 그 외 비디오와 텔레비전 방송도 이 요인에 포함된다. 이메일 사용과 관련하여 일반적으로 초등학생에게는 해당되지 않는 활용이 중학생용 도구에 부가적으로 포함되었다. [도표 15]에 이 요인별 문항을 기재하였다.

시뮬레이션: 역할 놀이, ~처럼 해보기, 실제-세계 과제를 포함한 활동을 기술하는 8개 문항이 시뮬레이션 요인에 해당된다. 학생들은 정보를 수집하는 방법을 배울 때 전문가처럼 해 봄으로써 그리고 시뮬레이션 활동 내에서 지식을 활용함으로써 학습한다. 초등학생과 중학생용 모두 이 요인을 정의하는 똑같은 문항을 사용한다([도표 16]).

[도표 15] 요인별 문항: 매체를 활용한 교수

컴퓨터 프로그램을 사용하여 문제를 해결한다.
컴퓨터 프로그램을 사용하여 새로운 정보를 배운다.
해설자가 새로운 정보를 설명하는 비디오를 시청한다.
흥미 있는 주제에 대해 토론하는 채팅방 혹은 소식 난에 참여한다.
공부하는 주제에 대해 더 알고 싶을 때 방송 프로그램을 본다.
정보를 찾으려고 컴퓨터를 활용한다.
알아야 할 것에 대해서는 컴퓨터 프로그램을 사용하여 정보를 찾는다.
인터넷을 사용하여 프로젝트를 할 때 필요한 정보를 찾는다.
인터넷상에서 의견을 주고받는 활동에 참여한다.
공동의 주제에 흥미를 가진 사람들과 이메일을 교환한다(중학생용 만).

[도표 16] 요인별 문항: 시뮬레이션

독립선언서 서명 같은 사건을 해봄으로써 독립선언에 대해 배운다.
선거 캠페인 단원의 역할을 해봄으로써 선거과정에 대해 배운다.
진로 상담자의 역할을 해보거나 구직자의 역할을 하는 학생들을 인터뷰해 봄으로써 직업에 대해 공부한다.
지역시민 단체와 함께 활동하는 공무원의 역할을 해봄으로써 정부가 하는 일에 대해 배운다.
반 전체에 레슨발표를 준비하는 위원회와 함께 활동한다.
앞으로 하고 싶은 직업을 가진 사람을 인터뷰한다.
흥미로운 삶을 산 유명인의 역할을 해본다.
과학자, 언론가, 예술가 혹은 기타 다른 전문가의 역할을 해본다.

독립 연구: *LSI-III* 초등학생용과 중학생용 모두 8개 문항씩이 독립 연구 문항에 해당된다. 이들 문항들은 학생들이 혼자 하는 활동을 기술한다. 예를 들어, 공부를 혼자 한다든지, 프로젝트를 준비하고, 정보를 수집하고, 학생 및 교사가 선택한 자료를 읽는 것 등이 문항으로 포함된다([도표 17]).

[도표 17] 요인별 문항: 독립 연구

혼자서 새로운 정보를 학습한다.
스스로 할 프로젝트 계획을 세운다.
반 친구들에게 발표할 자료를 혼자서 준비한다.
내가 선택한 주제를 스스로 공부한다.
독립적으로 스스로 선택한 프로젝트를 한다.
흥미로운 주제에 대한 정보를 스스로 수집한다.
혼자서 도서관에 가서 어떤 주제에 대한 정보를 찾는다.

[도표 18] 요인별 문항: 프로젝트

선생님 도움을 조금만 받고 대신 친구들과 함께 프로젝트를 한다.
여러 친구들과 함께 공부할 내용에 대해 이야기 한다.
선생님께서 말씀해 주신 프로젝트를 친구들과 함께 한다.
어떤 주제에 대해 반 친구들과 함께 프로젝트 계획을 세운다.
친구들과 함께 프로젝트를 계획하고 끝마친다.
연구를 같이 하는 친구들과 함께 보고서를 준비한다.
내가 관심 있는 특별 프로젝트를 친구들과 함께 한다.
정보를 찾기 위해 연구를 같이 하는 친구들과 도서관에 간다(초등학생용 만).
흥미 있는 주제에 대해 반 친구들과 이야기를 나눈다(초등학생용 만).
친구마다 역할이 다르면서 서로 돕는 집단활동에 참여한다(중학생용 만).

프로젝트: 초등학생용은 9 문항 그리고 중학생용은 8문항이 프로젝트에 해당된다([도표 18]). 이 요인의 문항들은 집단으로 여러 다양한 프로젝트를 수행하는 것을 기술하며 대부분 "프로젝트"라는 용어를 사용하여 문항을 서술하고 있다. 또한 토론, 보고서, 소집단 활동을 기술하는 항목 또한 포함된다. 초등학생용 도구 중에 2 문항은 중학교에서는 볼 수 없다. 첫 번째 문항, "흥미로운 주제에 대해 반 친구들과 이야기한다"는 중학교용에서는 토론 요인으로 묶였다. 두 번째

문항은 중학교용 어느 요인에서도 볼 수 없는 것으로 프로젝트의 통합적인 부분으로서 보다는 집단활동에 대한 선호를 측정하는 것으로 보인다.

또래 교수: 초등학생용에는 5문항, 중학생용에는 6문항이 또래 교수 요인에 포함된다([도표 19]). 이 요인에 속하는 문항들은 학생들 서로 정보를 함께 학습하는 활동을 기술한다. 즉 "친구와 함께 새로운 정보를 공부하거나 자료를 찾아본다" 등과 같은 활동을 기술한다. 이들 문항으로 기술되는 활동의 초점은 한 학생이 다른 학생을 가르친다는 점이다. 중학생용에서만 볼 수 있는 부가적인 문항은 초등학생에서는 일반적으로 나타나지 않는 활동에 대한 것이다. 비록 또래 교수가 협동학습 상황에서 나타나긴 하지만, 협동 상황을 본 도구의 또래 교수 요인과 혼동하지 말아야 한다. 또래 교수는 한 학생이 다른 학생을 가르치는 것으로 정의되므로, 활동이 협동상황 내에서 이뤄질 수도 있지만 그렇지 않을 수도 있다. 게다가, 협동학습은 또래 교수 이상을 의미한다. 협동학습 상황을 선호하는 것에 대하여, 교사는 교실에서 사용하는 교수실제와 관련하여, 집단 프로젝트를 수행할 때 협동학습을 습관적으로 사용하는지 등, 프로젝트에 대한 학생의 선호를 조사해야 한다.

[도표 19] 요인별 문항: 또래 교수

어려운 것을 배울 때 친구의 도움을 받는다.
친구가 잘하는 것에 대해서는 친구에게 배운다.
반 친구로부터 새로운 정보를 배운다.
시험공부를 할 때 친구와 함께 한다.
학교 숙제를 도와줄 친구와 함께 교실 뒤에서 공부한다.
숙제를 친구와 함께 살펴보고 같이 한다(중학생용 만).

[도표 20] 요인별 문항: 상술 및 연습

선생님께서 읽은 이야기를 이해하는지 알아보시려고 쪽지 시험을 보신다.
문장에서 빠진 단어를 채워 넣는 숙제를 한다.
다른 친구들과 함께 단어 알아맞히기를 한다.
학생들이 배운 것을 알고 있는지 선생님께서 질문을 하신다.
혼자서 정확하게 할 수 있는 문제를 푼다.
우리 팀이 공부한 주제에 대해 정확하게 대답하는지 대회를 열어 알아보신다.
질문에 대해 내 답이 정확한지 숙제를 해서 알아본다.
선생님께서 학생 이름을 불러 공부한 것을 기억하는지 알아보신다.
선생님께서 이름을 부르면 그 학생이 질문에 대답한다.

상술 및 연습: 이 요인은 초등학생용에만 있으며 이전 검사도구의 프로그램화된 교수 요인에서 볼 수 있는 활동들과 유사한 9개 문항이 해당된다. 이들 요인은 쪽지시험을 보고, 교사가 이름을 부르고, 특별한 정보를 대답하도록 과제를 내어 주는 문항들이 포함된다. 초등학교에서 보다 잘 나타나는 활동들로서, 학습지를 하거나 기본적인 사실을 교사가 반복 연습시키는 활동 등이므로, 이 요인은 중학생용에는 없다. [도표 20]은 요인에 해당되는 문항들이다.

토론: 이 요인은 중학생용에만 있으며, 6개 문항을 통해서 어떻게 학생들이 생각과 의견을 공유하는지 기술한다([도표 21]). 문항들은 토

[도표 21] 요인별 문항: 토론

어떤 과목에서 의견을 발표하는 친구의 이야기를 듣는다.
어떤 주제에 대해 토론하는 동안 다른 친구의 생각을 듣는다.
토론하는 동안 다른 친구들과 생각을 교환한다.
반 친구들에게 학생들은 자신의 생각을 발표한다.
흥미 있는 주제에 대해 반 친구들과 이야기를 나눈다.
선생님께서 말씀하신 주제에 대해 토론한다.

론에 참여하는 동안 말하고 듣는 활동을 기술하며, 이들 활동들은 중학교에서 일반적으로 볼 수 있으나 초등학교에서는 비교적 잘 볼 수 없는 활동들이다. 토론은 연습과 학생이 성숙하게 되면서 나타나는 상위 사고기술에 근거한 활동이다. 중학교 학생들 또한 이 요인이 의미하는 것처럼 사회적인 측면에서 반응하게 된다.

학습 게임: 중학생용에만 학습 게임 문항이 있으며 이들 문항들은 학생들로 하여금 학습한 것을 확인할 수 있는 게임과 대회를 기술한다. 이 요인에서 기술되는 게임은 여러 방식으로 학습을 지원하는 것이 목적이다. 문항들은 또한 재미있게 보이면서 중학생들의 목적-지향적인 학습을 나타낸다. 중학생들은 게임 속에서도 학습적인 측면을 찾아낼 수 있으나 초등학생은 이와 같은 면을 이해하지 못할 수 있다. 중학생의 인지적 성숙과 상위인지적 능력에 대한 이해를 반영하는 문항들로서 초등학생과 중학생의 차이를 보여주는 것이다. [도표 22]는 학습 게임 요인에 포함된 문항들이다.

채점하기

표본에서 수집된 자료를 사용하여, 평균과 표준편차를 산출하고([도표 23]) 각 하위척도별 점수를 *t*-점수로 전환하였다. *t*-점수(평균 = 50, 표

[도표 22] 요인별 문항: 학습 게임

배운 내용을 테스트하기 위해 게임에 참여한다.
배운 것을 연습하기 위해 카드를 사용하여 게임을 한다.
단어 게임을 하면서 어휘를 연습한다.
보드 게임을 해서 교과목에서 배운 것을 연습한다.
팀을 나누어 교실에서 배운 주제에 대해 정확하게 대답하는 대회를 연다.
반 친구들과 함께 단어 알아맞히기 게임을 한다.

[도표 23] 하위척도별 원점수의 평균과 표준편차

	초등학생용		중학생용	
요인	**평균**	**표준편차**	**평균**	**표준편차**
직접 교수	23.1	6.1	22.9	8.1
매체를 활용한 교수	28.9	6.0	28.8	7.8
시뮬레이션	24.0	6.2	21.7	6.8
독립 연구	22.8	6.2	17.7	6.8
프로젝트	27.1	5.9	22.5	5.9
또래 교수	14.7	4.0	16.5	4.4
상술 및 연습	25.7	6.3	없음	없음
토론	없음	없음	16.4	4.1
학습 게임	없음	없음	16.5	4.4

준편차 =10)를 이용하여 서로 다른 문항수를 가진 요인들 간에도 비교하였다. 그러므로 각 *t*-점수는 전체 하위영역 점수 혹은 요인에 따른 점수로도 비교 가능하다([도표 24]와 [도표 25]). 쉽게 해석하기 위해, 다시 *t*-점수를 1~10까지의 점수로 전환하였다([도표 24]와 [도표 25]). 이들 점수들은 [도표 26]에 있다.

[도표 24] 점수 매트릭스: 초등학생용

t-점수	직접 교수	매체를 활용한 교수	시뮬레이션	독립 연구	프로젝트	또래 교수	상술 및 연습	전환 점수
65	31~32	36	31~32	30~32	34~36	19~20	33~36	10
60	28~30	33~35	28~30	27~29	31~33	17~18	30~32	9
55	25~27	30~32	25~27	24~26	28~30	15~16	27~29	8
50	22~24	27~29	22~24	21~23	25~27	13~14	23~26	7
45	19~21	24~26	19~21	17~20	22~24	11~12	20~22	6
40	16~18	21~23	16~18	14~16	19~21	9~10	17~19	5
35	12~15	18~20	12~15	11~13	16~18	7~8	14~16	4
30	9~11	15~17	9~11	8~10	13~15	5~6	11~13	3
25	5~8	12~14	5~8	5~7	10~12	3~4	8~10	2
20	0~4	0~11	0~4	0~4	0~9	0~2	0~7	1

[도표 25] 점수 매트릭스: 중학생용

t-점수	직접 교수	매체를 활용한 교수	시뮬레이션	독립 연구	프로젝트	또래 교수	토론	학습 게임	전환 점수
65	36~40	39~40	31~32	28~32	29~32	22~24	21~24	23~24	10
60	32~35	37~38	28~30	25~27	26~28	20~21	19~20	21~22	9
55	28~31	33~36	25~27	21~24	23~25	18~19	17~18	19~20	8
50	24~27	29~32	22~24	18~20	20~22	16~17	15~16	17~18	7
45	19~23	25~28	19~21	14~17	17~19	14~15	13~14	15~16	6
40	16~18	21~24	16~18	11~13	14~16	12~13	11~12	13~14	5
35	11~14	17~20	12~15	8~10	11~13	10~11	9~10	11~12	4
30	7~10	13~16	9~11	4~7	8~10	8~9	7~8	9~10	3
25	3~6	9~12	5~8	1~3	5~7	6~7	5~6	7~8	2
20	0~2	0~8	0~4	0~2	0~4	0~5	0~4	0~6	1

[도표 26] 전환점수의 해석

전환점수	선호수준
9~10	매우 높음
7~8	높음
5~6	보통
3~4	낮음
1~2	매우 낮음

참고문헌

Arbuckle, J., & Wothke, W. (1999). *Amos 4.0.* Hillsdale, NJ: Lawrence Erlbaum.

Byrne, B. (1989). *A primer of LISREL: Basic applications and programming for confirmatory factor analytic models.* New York: Springer Verlag.

Loehlin, J.C. (1998). *Latent variable models* (3rd ed.). Hillsdale, NJ: Lawrence Erlbaum.

Gable, R.K., & Wolf, M.B. (1993). *Instrument development in the affective domain: Measuring attitudes and values in corporate and school settings* (2nd ed.). Boston: Kluwer Academic Publications.

Kettle, K.E., Renzulli, J.S., & Rizza, M.G. (1998). Products of mind: Exploring student preferences for product development using *My Way: An Expression Style Inventory. Gifted Child Quarterly, 42(1)*, 48-61.

Purcell, J.H., & Renzulli, J.S. (1998). *Total talent portfolio: A systematic plan to identify and nurture gifts and talents.* Mansfield Center, CT: Creative Learning Press.

Renzulli, J.S. (1977). *The Interest-A-Lyzer.* Mansfield Center, CT: Creative Learning Press.

Renzulli, J.S. (1997). *The Interest-A-Lyzer family of instruments: A manual for teachers.* Mansfield Center, CT: Creative Learning Press.

Renzulli, J.S., & Smith, L.H. (1978). *Learning styles inventory: A measure of student preference for instructional techniques.* Mansfield Center, CT: Creative Learning Press.

Renzulli, J.S., Smith, L.H., White, A.J., Callahan, C.M., Hartman, R.K., & Westberg, K.L. (2002). *Scales for Rating the Behavioral Characteristics of Superior Students—Revised Edition.* Mansfield Center, CT: Creative Learning Press.

학습상황에서의 능력, 흥미와 스타일[2)]

부록 A에서는 학생의 학습스타일에 대한 이론적 원리와 연구들을 소개한다.

2) 본 참조자료는 초기 *LSI* 매뉴얼과 다음의 저서에서 발췌하였다: Renzulli, J. S., & Dai, D. Y. (2001). Abilities, interests, and styles as aptitudes for learning: A person-situation interaction perspective. In R. J. Sternberg, & L. Zhang (eds.). *Perspectives on Thinking, Learning, and Cognitive Styles.* (pp.23-26). London: Lawrence Erlbaum.

매년, 정부에서 출간하는 보고서에 의하면, 학교는 적절하게 학생들을 교육하지 못하며 이들로 하여금 실제 생활을 준비하도록 돕지도 못한다. 학교는 계속해서 학생들이 공부하는 것을 보여주는 방법으로 시험보기에 눈을 돌리고 있다. 한편 시험보기는 교육의 책무성에 대한 여론을 회유하기 위함이며, 학생이 받는 교육의 질을 개선하지 못한다. 시험보기 대신에 교사 및 행정가들이 학습활동을 교육의 핵심부에 놓는다면(Renzulli, 1992), 학교는 보다 좋은 곳이 될 것이며 학습스타일 검사도구는 이상의 목표에 도달할 수 있도록 역할을 담당할 수 있다.

학습활동의 세 가지 교수상황 요소들—학습자, 교사와 학습할 교수자료(예: 교육과정)—은 지적으로 그리고 통합적인 발전을 창출하는 방향으로 서로 상호작용을 한다([그림 1]: Renzulli, 1994, p. 19). 비록 역동적인 또래 관계 또한 학습과정에 결정적인 영향을 미치지만, 위의 세 가지 요소들은 교실에서 이뤄지는 학습경험에 있어서 기본적인 기능요소들이다.

학습활동에서 세 가지 주요 요소들은 각기 주요 하위요소를 갖는다. 예를 들어, 교사는 학생의 능력, 주제에 대한 흥미와 선호하는 학습스타일을 살펴봐야 한다. 이상에 대한 지식을 가지고, 교사들은 학생의 능력에 맞는 적절한 도전성을 제시하고, 현재의 흥미를 증진하고 새로운 흥미를 개발하며, 선호하는 학습스타일로 학습내용을 제시하여 동기를 증진한다. 유사하게 교사는 자신이 가르치는 학과목에 대한 열정을 개발하는 수준과 교수기술 상에서 담당하는 역할을 고려해야 한다. 마지막으로, 교사들은 학과목 구조, 학과목의 내용과 방법론 및 학생의 상상력에 호소하는 교육자료 수준까지 연구해야 한다. [그림 1]에서 겹치는 원은 요소들 간의 선형적인 관계보다는 역동적인 상호작용을 강조하고자 함이다. 학습활동을 보여주는 본 그림에서 나타난 것처럼 모든 요소와 하위요소들의 동등성을 가정하는 것은 아니다. 원은 학습

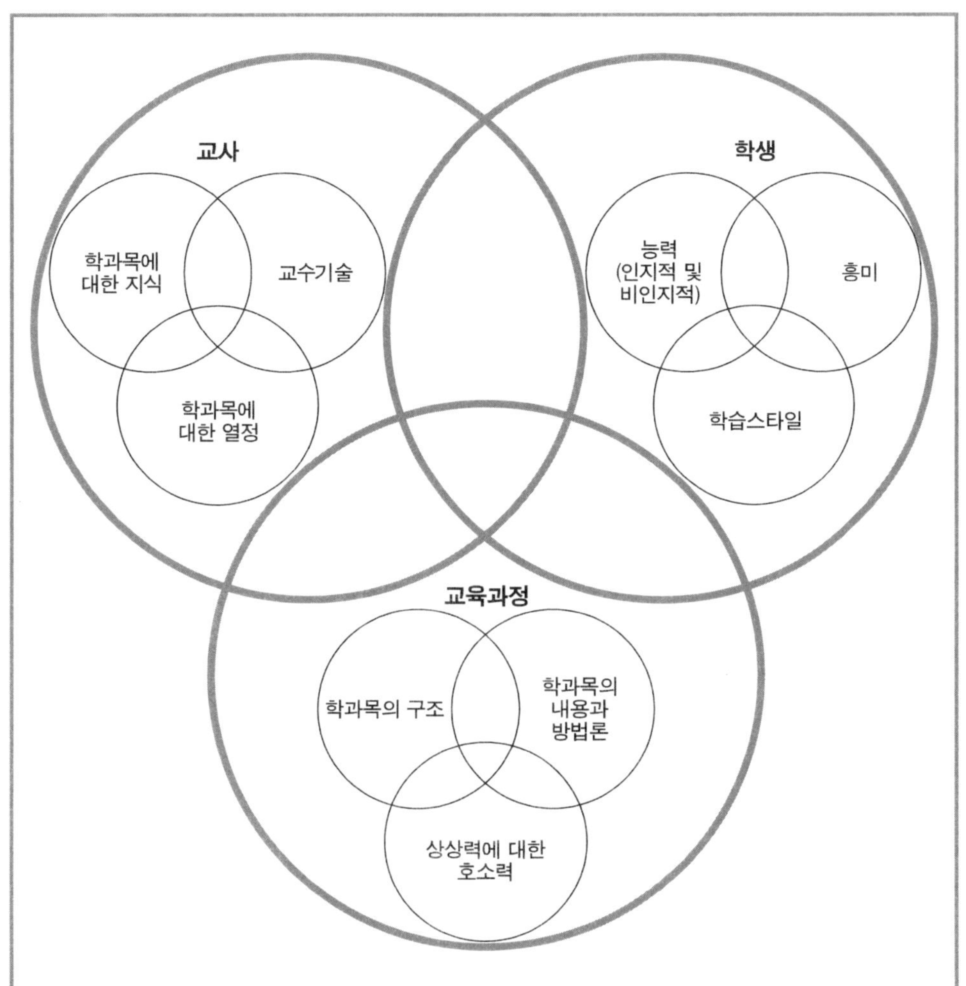

[그림 1] 이상적인 학습활동.

상황마다 그 크기가 다양하게 달라지며, 심지어 한 학습상황이라 하더라도 달라진다. 그럼에도 불구하고 교사들은 세 가지 요소들 간의 상호작용에서 파생되는 경험을 조직함으로써 모든 학습활동을 최적화할 수 있다. 교사들은 모든 두 가지 요소를 고려해야 하지만, 본 부록은 학생과 교사가 학습자의 능력, 흥미와 학습스타일을 활용하는 방안에 주안점을 두고자 한다.

발달되는 것이며 계속 발달할 수 있는 유능감으로서의 능력

보편적으로 성공적인 학습의 결정적인 요소로서 능력을 인식하지만, 인간 능력에 대한 속성과 본질에 대해서는 많은 이론적 설명이 있다(Sternberg & Kaufman, 1998). 다음의 세 가지 전통적인 입장으로 현재 사고를 설명한다. Piaget와 신-Piaget이론가들의 주장에 의하면, 인간 능력은 성숙과 환경과의 상호작용 결과 계열적으로 발달하는 것이다(직접적 경험과 사회적 전달)(Case, 1985; Piaget, 1967). 심리측정적 접근법은 인간능력을 개인차를 통해서 설명한다(Carroll, 1993; Guilford, 1959). 그리고 마지막으로 인지심리학은 기본적인 과정(예: 부호화와 회수) 그리고 학습 및 수행에 관련이 있는 요소(예: 단기 및 장기기억, 수행기능)로 능력을 해석한다(Newell & Simon, 1972; Sternberg, 1985). 세 가지 전통적 입장 중에서, 인간 능력에 대한 심리측정적 관점은 교육분야에 가장 많이 영향을 미치고 있다. 그렇지만, 학습/교수 관점에서부터 기준을 사용하여 평가할 때 이 입장을 지지할 수 없는 경우도 있다-즉, 얼마나 잘 이론이 학습을 촉진하는 요소를 설명하는지 그리고 이론이 교수활동에 얼마나 잘 적용될 수 있는지를 살펴볼 때.

IQ 검사를 예로 들면, 심리측정적 입장은 능력을 수치로 나타낸다: 연령-규준 테스트 점수를 어떤 특정 연령 집단 내에서 학생이 상대적으로 차지하는 위치 및 향후 또래와 비교해서 얼마나 잘 할 수 있는가를 보여주는 지표로서 해석한다. 점수가 어떤 고정된 능력을 나타내는 것으로 해석할 때, 특히, 해석되는 사람의 능력이란 상당부분 유전적으로 결정되었다고 유추한다면(Herrnstein & Murray, 1994), 문제가 발생하게 된다. 여러 증거를 통해 볼 때 이상의 해석을 지지할 수 없다. 무엇보다도, 인간능력에 대한 심리측정적 관점은 어떤 한 시간에 나타나는 개인차를 과도하게 강조하여 성장하면서 그리고 계속적으로 환경적 자극에 노출됨으로써 발생되는 발달적인 면을 무시하였다(Lohman, 1993).

둘째, 타고난 능력을 측정하는 것으로 가정하는 대부분의 IQ 검사는 사실 성취를 측정하는 것이다(예: 개발된 혹은 개발 중인 능력)(Lohman, 1993; Sternberg, 1998). 전형적으로 IQ 검사에서 볼 수 있는 어휘, 단어 이해 및 산수 문제해결 등의 검사 섹션은 부분적으로 성취를 측정하는 것으로 생각할 수 있다. 따라서 연구자들은 IQ 측정과 학업적 성취의 상관으로부터 타고난 능력을 인과적으로 해석하지 말아야 한다. 타고난 능력에서의 개인차를 신뢰롭고 타당하게 측정할 수 없으므로, 모든 능력 검사들은 개발된 혹은 개발 중인 유능감에 대한 측정값으로 생각해야 한다(Anastasi, 1980; Sternberg, 1998).

셋째, 지능의 유전성에 대한 주장은 쌍둥이들이 서로 .50~.78의 유전성 수치를 가진다고 밝힌 쌍생아의 유전연구에 기초한다. 다시 말해서, IQ 점수의 반 혹은 반 이상의 변량을 유전적 요소로 설명한다는 것이다(Plomin & Petrill, 1997). 이와 같은 주장은 강력한 근거를 바탕으로 하는 것 같지만, 유전 요소로도 설명되지 않는 상당한 변량이 있다. 게다가, 세대가 증가하면서 IQ 점수도 괄목할 만큼 증가한다는 점을 볼 때(Flynn, 1994, 1999), 이에 대한 대답으로 다양한 환경적 요인(양질의 영양, 부모의 관심 증가 및 교육의 증가)을 고려하게 되었다(Sternberg & Kaufman, 1998 참조). 여러 연구에 의하면, 지능은 비지적인 근원을 가질 수 있다는 점이 제기되었다. 예를 들어, 영아와 양육자간 상호작용의 질이 2년 후의 인지 능력에서 나타나는 개인차와 관련이 있다는 것이 보고되었다(Lewis, 1989). 기질(Thomas & Chess, 1977) 같은 "비지적인 요소" 또한 인지능력 발달을 촉진할 수도 지체시킬 수도 있다.

인간능력에 대한 심리측정적 관점이 학생의 학습과 성취를 설명함에 있어 얼마나 적절한지 의문을 제기하는 것 외에, 학생을 지도하는데 있어서 얼마나 유용한지 살펴볼 수 있다. 비록 심리측정적 관점을 통해서, 교육자들은 능력의 차이 혹은 적절하고 차별화된 서비스에 대한 성취의 차이를 파악하는데 도움을 얻을지 모르지만, IQ 검사 점수 그 자체는 어떤 특정 교육과정에 대한 학생의 준비도를 결정하는데 도움이 되지 못한다. 다시 말해서, 인지 측정에 대한 심리측정적 검사가 갖는 진단적 유용성은 제한적이다. 이들 검사 결과들은 만약 학생이 낮은 점수를 받게 될 때, 기본적으로 인지능력에 결점이 있거나 한계가 있다는 잘못된 메시지를 교사와 학생에게 전달해 줄 수도 있다. Sternberg(1998)는 어떤 능력 검사도 학생의 학습 잠재력의 한계를 명확히 말해 줄 수 없다고 주장하였다. 게다가, 심리측정적 관점은 능력은 고정된 것이며 타고난 것이라는 메시지를 전달하므로, 교육자들은 교육의 가장 중요한 목적 중 하나인, 학생의 능력개발에 대한 시각을 놓칠 수 있다.

만약 인간 능력에 대한 심리측정적 관점이 성공적인 학습에 대한 적절한 설명을 제시하지 못한다면, 그 대안은 무엇인가? 보다 바람직한 접근법은 학생의 능력을 발달적 관점에서 측정하고 관찰하는 것이다. 즉, 능력이란 발달되고 계속 발달하는 유능감으로 간주하는 것이다. 능력을 발달적인 유능감으로 볼 때, 현재 학생의 능력수준을 알 수 있으며, 어떻게 학생의 유능감을 보다 잘 발달시킬 수 있는 교수방법을 고안할지 제안할 수 있다. 한편 학생의 인지적 능력은 16살 정도까지는 순응성이 있으므로, 8살 정도일 때 학생들이 직면하게 되는 학습상의 어려움은 극복이 가능하다. 학습을 쉽게 하는지 또 빨리 하는지에 대한 개인차를 일반능력의 결손에 기인하는 것으로 생각하던 것들이 지금은 보다 정확하게 진단을 받고, 교사는 이들 개인차를 고려하여 교육과정 및 교수방법을 고안하고 다르게 바꿀 수 있다.

Howard Gardner의 다중 지능이론(1983)과 Robert Sternberg의 삼위일체 지능이론(1985)은 심리측정 검사에서 볼 수 있는 지능과 인간 능력에 대한 협소한 관점에 변화를 가져왔다. 이 두 이론가에 의하면, 개인마다 그들만의 잠재력과 강점을 가진다는 것이다. 문제는 누가 능력을 가지고 있고 그렇지 않은가 하는 점이 아니라 어떻게 이들 잠재력과 강점을 개발하고 극대화하는가에 있는 것이다.

학생의 능력을 개발하도록 돕는 방법 중 하나는 우선 표준화된 검사 및 교육과정에 근거하여 평가하고 산출물에 대한 평가를 통해서 학생의 강점을 사정하는 것이다. 이들 평가를 토대로 이전에 학습한 영역에 대한 학생의 사전 지식을 파악하고 교사는 이전 지식에 대해서 이수를 해 줄 수 있고 학생들에게 부가적인 능력을 개발할 시간을 줄 수 있다. 교육과정압축 같은 교수책략을 통해서 이미 알고 있는 것을 이수해 주고 다른 능력을 개발할 시간과 기회를 제공할 수 있다.

그러나 능력만이 성공적인 학습에서 중요한 것은 아니다. 능력 혹은 지능에 대한 편견으로 인해 성공적인 학습에 필요한 다른 중요한 학생의 특징을 간과할 수 있다. 교육자들은 또한 학습할 때 적극적으로 학생의 인지적 참여를 증진하는 가장 중요한 조건이 되는 흥미를 고려해야 한다.

학습을 촉진하는 흥미

홍미는 일상적으로 쉽게 이해할 수 있는 심리적 현상들 중 하나이지만 과학적으로 정의하기는 어렵다. 홍미를 어떤 대상, 현상, 주제 혹은 활동에 대한 정서적인 편향(쏠림)으로 정의하며 이와 같은 정의는 다음의 세 가지 특징을 내포한다. 첫째, 홍미는 지향성과 능동적인 노력이다; 어떤 방향으로 움직이거나 향하는 경향을 보인다(Snow, 1992). 둘째, 모든 홍미는 어느 정도 몰입함을 갖는다. 홍미를 갖게 되면 목적지향적인 활동에 깊이 참여하는 행동을 보이거나 특별한 대상 혹은 활동에 관여할 때 흥분과 즐거움 같은 정서적 반응과 각성을 느끼게 된다. 셋째, 홍미는 역동적이다; 사람과 대상간의 상호작용 혹은 관계의 흐름에 자신을 맡기게 되므로 홍미의 속성은 역동적인 사람-대상간의 관계를 통해서 이해될 수 있다(Prenzel, 1992).

가장 적절한 학습은 학습자가 어떤 영역 혹은 주제에 홍미를 가지고 있어 이것에 대해 보다 더 배우려고 하는지 그리고 홍미를 지속하고 개발하는 것이 무엇인지 질문해 보는 것이다. Piaget는 홍미를 발달을 위한 “sine quo non” 즉 없어서는 안 되는 것으로 간주하였다. 새로운 인지구조의 불균형과 발달에 대한 그의 이론에 의하면, 아동은 세상에 대한 자신의 지각 경험과 일치하는 지식을 구조화하고 이해하는 타고난 경향성이 있다고 가정하였다. Piaget에 있어, 인식론적 호기심(Epistemic curiosity), 즉, 현실이 기대와 일치하지 않을 때, 세상의 안과 밖을 탐색하고자 하는 자발적인 홍미가, 아동의 발달적 특징을 정의한다. 이와 같은 특징은 바로 수많은 것들에 대해 “왜”라고 물을 때 엿볼 수 있다. 게다가, 인간 호기심에 대한 연구들을 통해, 대상과 현상을 완전히 이해할 수 없을 때 사람들이 직면하게 되는 인지적 결핍에서 호기심이 비롯된다는 결론을 이끌어내었다(Loewenstein, 1994).

인지론적 관점보다는 동기적 관점에서, 여러 미국 심리학자들은 인간은 환경을 통제하려는 타고난 경향성(effectance motivation)을 가지고 있으며(White, 1959), 개인적인 원인에 대한 경험이 이들에게 내적인 보상이 되며(deCharms, 1968), 개인이 갖는 힘, 효능감과 통제감이 인간 동기(Bandura, 1977, 1986, 1997)의 기초가 된다고 가정하였다. 유능감 동기의 기본적인 형태를 아동의 놀이에서 볼 수 있다. 조작놀이를 통해 아동은 도전을 극복하고 성공적으로 잘 할 수 있다는 것을 경험하게 된다. 아동들은 놀이에 대해 통제, 힘 및 유능감을 갖게 되어 조작놀이는 본질상 즐거운 것이다. 따라서 흥미는 내적 동기의 힘과 환경을 성공적으로 통제하였다는 느낌을 나타내는 것이다.

그러나 한 가지 문제가 남아 있다; 왜 어떤 아이는 다른 아이에 비해 학교공부에 보다 흥미를 더 갖는가? 그리고 왜 이들 아동들은 다른 흥미패턴을 보이고 똑같은 흥미라도 그 정도가 다른가? 대답은 흥미발달에 영향을 주는 많은 제한들이 존재하는 현실에서 찾을 수 있다. 이들 제한사항을 자세히 분석함으로써 교사들은 학습을 촉진하는 교수책략을 개발하고 학습하고자 하는 학생의 내적 동기를 발산하도록 도울 수 있을 것이다.

사회-문화적 제한. 부모, 교사 혹은 또래들이 모든 아동의 흥미를 지지하고 지원하는 것은 아니다. 사회전체의 규준에서 벗어난 흥미는 금지되고 억압받는다. 만약, 가족, 학교, 또래집단 혹은 사회가 스포츠에서 뛰어날 것을 강요하고 학업영역에서 그저 그런 것에 관대하다면, 아동은 학업보다는 스포츠에 더 끌릴 것이다(Tannenbaum, 1962). 반면에, 학교가 학생들이 걱정하고 불안해하는 학업 성적을 많이 강조한다면, 학업에 대한 흥미는 고통을 받을 것이다. 그러나 학교임원들이 학생들로 하여금 상위-목적 학습을 향하여 교실을 개선하고자 집약적인 노력을 경주할수록(Brown,1997), 학과목에 대한 홍미는 더욱 개발될 것이다.

기회구조의 제한. 어떤 주어진 시간에, 특별한 개인만이 문명, 문화 혹은 인간노력의 결실을 경험하고 접한다는 측면에서의 제한을 말한다. 의사의 가정에서 의사가 음악가의 가정에서 음악가가 나오는 경향이 있다. 간단히 말해서, 아동이 접하는 자원은 이들이 향후 개발하게 될 홍미 유형에 영향을 미친다. 대개 기회가 주어지지 않고 무언가 통제해 볼 기회가 없다는 이와 같은 점이 바로 학교에게 주는 시사점이다. 학교는, 아동의 마음을 밝혀주고, 적절한 지적 자극을 제공하지 않고, 새로운 생각, 지식과 퍼즐조각들에 직면하도록 교육과정을 홍미로운 경험으로 변모시키지 못하고 있다(Phenix, 1987). 이와 같이 필수적인 자극 없이, 학교는 아동을 위한 기회의 문을 열 수가 없을 것이다; 학생들은 노출되지 않은 생각 혹은 활동에서 홍미를 개발할 수 없다.

지식의 제한: 기회구조의 제한과 관련이 있는 것이 지식의 제한이다. 어떤 영역에 대한 홍미는 항상 그 영역에 대한 경험과 이해 심지어 이해한 것이 모호하고, 직관적이거나 우직해 보여도 이에 바탕을 둔다. 홍미는 이해와 지식 수준에 따라 피상적일 수도 깊을 수도 있다. 영역 혹은 주제에 대한 지식이 발달할수록, 학생의 홍미 또한 표면적인 특징에서 영역의 구조적인 특징에 집중되는 변화를 겪게 된다(Alexander, Kulikowich, & Schulze, 1994). 따라서 어떤 영역, 학과목 혹은 주제에 대한 깊고, 본질적인 홍미가 발달되려면 이에 대해 깊이 관여하는 시간이 필요하다. 이러한 과정은 환경적인 제약과 경쟁을 우선시(시험을 준비하느라 정규교육과정에 시간을 할애하는 등) 하는 등의 여러 상황 때문에 혹은 산만함 및 지구력 부족 같은

개인적인 요인 때문에 단절될 수도 있다.

기질과 성격적 제한: 비인지적인 개인 요소가 능력발달에 영향을 미치는 것처럼, 기질과 성격 요인 또한 흥미의 발달을 촉진하기도 방해하기도 한다. 비록 발달적인 잠재력이 모든 아동에게 나타나지만, 어떤 아동의 경우 다른 아동에 비해 지적으로 더 자극에 민감하며, 흥미를 끈기 있게 추구한다. 이와 같은 끈기는 다음의 두 가지 개인적 요소에 부분적으로 기인한다. 하나는 성취동기(Achievement motivation), 즉 자신의 한계를 벗어나 완성 및 성공에서 비롯된 만족감을 극대화하려는 경향(Atkinson, 1957; Bandura, 1986)이다. 다른 하나는 자기규제(self-regulation), 즉 목적을 성취하기 위해 체계적으로 사고, 생각 및 행동을 고안하고 창출하는 것이다(Kuhl, 1985; Zimmerman, 1990). 은유적으로, 전자는 연료 혹은 추진력으로, 후자는 성취활동을 적절하게 하는 엔진으로 간주할 수 있다. 그러므로 아무 노력 없이 흥미를 개발한다고 생각하는 것은 잘못이며 흥미 개발은 헌신적인 노력과 의지가 필요하다.

능력의 제한: 어떤 이유, 즉 유전 혹은 환경에서건, 기술과 전문성이 필요한 과제를 학습하고 수행하는 개인의 능력에는 차이가 있다. 의식적으로든 무의식적으로든, 개인은 자신이 잘한다고 생각하는 영역 및 활동에 끌리는 경향이 있다(Deci, 1992). 따라서 실제 능력 혹은 스스로 지각하는 능력수준이 흥미를 어떻게 느끼는지 그리고 과제, 주제 및 영역에서 어떻게 흥미를 느낄 것인지를 제한하게 된다. 여러 가지를 통해 볼 때, 학생들은 어떤 학과목에 대해 자신이 지각하는 유능감에 따라 학업적인 흥미가 다르다(Deci, 1992; Harter, 1991; Mac Iver, Stipek, & Daniels, 1991). 동시에, 아동기에 볼 수 있는 높은 지적 능력은 학업적 과제에 대한 내적인 동기와 관련이

있다는 연구도 있다(Gottfried & Gottfried, 1996). 그러나 이 두 가지는 홍미와 능력 개발에 대해 아무 것도 제안해 주지 못한다. 학습에 어려움이 있고 수학에 홍미가 낮은 아동들은 자신이 발달하고 있는 것을 볼 때 보다 수학에 홍미를 갖게 된다(Bandura & Schunk, 1981). 유능감 동기이론과 일관되게도, 약간의 성공을 경험해도 홍미는 증가한다.

발달적 제한: Piaget가 옳다면, 추상적 주제에 대한 대부분 아동의 이해는 11~12살이 되기 전까지는 매우 제한적일 수밖에 없다. 대부분의 경우에, 사춘기가 되어서야 정신적으로 여러 가능성을 조작할 수 있고 물리적 실체의 보편성 혹은 미세구조의 본질 같은 매우 이론적인 문제에 대한 홍미를 발전시킬 수 있다. 그 밖에, 일정 수준의 사회-정서적 성숙과 경험 없이는, 비극 장르에 대한 홍미는 말할 것도 없이 햄릿이나 오델로 같은 등장인물을 공감하고 이해할 수 없다. 비록 아동의 인지적 능력이 Piaget같은 초기 심리학자에 의해 과소평가되었지만, 발달적 제한으로 인해 어떤 종류의 홍미를 발전시키고 어떻게 이들 홍미들을 촉진하는가에 한계를 가져올 수 있다.

요약하면, 홍미는 학습활동의 주요 부분이며 홍미발전을 제한하는 사회적, 개인적 및 발달적 요소들이 있다. 이들 제한들은 아동에게 영향을 미치는 외부세계에서 비롯되기도 하며 능력 및 기질 같이 내적으로 생기기도 한다(Dai, Moon, & Feldhusen, 1998). 차별화된 교육과정과 교수를 통하여 이들 제약에 적절하게 대처한다면, 학생들의 학문적 홍미를 북돋울 수 있다.

Interest-A-Lyzer 같은 홍미평가 도구를 사용함으로써(Renzulli, 1997) 교사들은 학생들의 홍미를 탐색하고 학습활동을 계획하는데 필요한 정보를 얻을 수 있다. 예를 들어, 학생들이 *Interest-A-Lyzer*의

언론에 흥미를 보인다면, 교사는 역사숙제를 계획하여 학생들로 하여금 마치 그 시대 언론가인 양 역사적 사건에 대해 글을 적게 할 수 있다. 교사들은 또한 학생들이 여러 다양한 활동을 탐색하게 함으로써 흥미를 개발할 기회를 제공할 수 있다. 예를 들어, 학생들은 박물관 견학을 가고, 여러 나라에서 온 초청강사를 만나보거나 인터넷 상에서 작가를 인터뷰할 수 있다. 학생의 흥미를 바탕으로 이들의 교육적 경험을 계획할 때 확실히 학생의 참여와 성취를 증가시킬 수 있다. 이들 탐색활동을 통해 새로운 생각과 경험을 제고하고 여러 가능한 흥미 영역의 길을 열어놓게 된다.

학생과 학습스타일

Guild와 Garger(1985)에 의하면, 스타일은 인지, 개념화, 정서 및 행동의 결합체이다. 이들 요소들은 따로 혹은 여러 개가 합쳐져, 개인차를 설명한다. 스타일은 처음에 성격, 지각과 인지에서의 차이를 언급하는 심리학적 용어로서 사용되었다. 교육학자들은 이 용어를 사용하여 학습상의 차이를 설명하고 대부분의 연구자들은 스타일의 개념을 연구하고 또 파악하려는 도구를 만들고 있다. *Myers-Briggs* **유형지표**(Myers & Briggs, 1976)와 *Learning Style Inventory*(Dunn, Dunn, & Price, 1978), *4MAT System*(McCarthy, 1980, 1990)과 *Learning Styles Inventory*(Renzulli & Smith, 1978) 등의 검사도구들은 학습상의 스타일에 대한 교육적 요구를 파악하고자 할 때 활용되고 있다.

본 영역에서의 초기 연구들에 의하면, 가장 중요한 특징은 학습스타일에 있어 학생마다 그 특징이 다르다는 것이다(Hunt, 1971; Joyce & Weil, 1972; Pascal, 1971; Rosenberg, 1968; Tanner & Lindgren,

1971; Vinton, 1968). 학습을 극대화하고 학습과정을 촉진하기 위해, 교사는 학습행동의 모든 세 가지 요소(학습자, 교사와 교육과정)에 적용되는 중요한 정보를 선호하는 학습스타일에 대한 지식에서 얻을 수 있다. 학생의 선호하는 학습스타일을 파악한 교사는 학생이 선호하는 것에 맞게 교수방법을 바꿀 수 있다. 학생의 선호하는 학습스타일을 이해하고 존중하는데 있어서, 교사는 학생을 학습자로 인정하게 된다. 결과적으로, 학생들은 자신의 선호하는 학습스타일을 알게 되고 이로 인해 학습을 스스로 규제하는(Self-regulated) 방향으로 나아갈 수 있다. 마지막으로, 과정중심 관점에서 볼 때, 교사는 선호하는 학습스타일을 이해하게 됨으로써 교육과정을 차별화할 수 있다. 즉, 교사들은 교육과정을 적용하고 학생의 선호하는 학습스타일에 따라 예상되는 결과를 조절할 수 있다.

[그림 1]에 제시한 모델의 기저가 되는 주요 가정 중 하나는 실제 학습행동이 발생하게 하려면, 학생들이 어떤 주제를 선호하고 어떤 속도로 학습하는가 뿐만 아니라 그 활동을 어떻게 추구할 것인가를 고려해야 한다. 다음의 예를 살펴보자. 교사가 학습양식을 결정하는 교실 상황에서, 학생들은 교사가 선택한 방법에 맞추어야 한다. 그렇지만, 스스로 학습 환경을 만들도록 학생에게 자율성을 허용하는 것은 학습에 긍정적인 결과를 가져올 것이다. 왜냐하면 자신에게 맞지 않는 학습상황에 맞추려고 하기보다는 학생 스스로 학습과정에 집중할 시간을 더 많이 허용하기 때문이다. 부가적으로, 학생들이 스스로 선택한 환경에서 학습할 때, 단순히 과제를 완수하는 것이 아니라 발견하고 보다 더 학습하려고 한다. 이상의 가정은 모든 교육활동을 완전히 자유롭게 선택하여 활동한다는 의미가 아니다. 반면에, 어떤 기본적인 기술 영역은 보다 더 적절하게 가르쳐야 할 것도 있다. 그러나 이와 같은 경우가 많을수록, 교사는 학습스타일에 기초하여 교수방법을 개별화하여 부

수적인 조치를 취할 수 있도록 적극적이 되어야 한다.

수많은 연구들에 의하면 학생들이 선호하는 학습스타일과 일치하는 방법으로 배울 때 보다 쉽고 즐겁게 학습한다. 내용과 흥미에 따라 개별 학생 내에서도 선호하는 것에 차이가 있으며, 현실적인 문제로 일부 교사는 단순한 목적으로 자신의 교수스타일을 협소하게 하고 있다. 그러나 만일 선호하는 스타일을 파악하고 조절하려는 노력을 하지 않는다면, 학생의 성취와 학습에 대한 즐거움을 증진할 귀중한 기회를 잃을 수 있다. Torrance(1965)가 지적한 바대로, 민첩한 교사는 스스로 항상 교수방법에 변화를 주어야 할 때와 어떤 학생이 뛰어난 성취를 이루지만 학습이 느린 학생인지 잘 인식한다.

학습 환경과 학생의 적합성

[도표 1]에서 제시한 바와 같이 학생이 성취할 목적과 학습을 촉진하는 교수방법을 설명할 때 교사와 교육과정 차원을 고려하지 않을 수 없으므로, 일차적으로 학습 환경에 대한 교사와 교육과정의 역할을 생각할 수 있다. 여러 연구들에 의하면 다양한 학습 환경을 학생에게 어떻게 제시할 것인가 하는 점이 학생의 인지발달과 만족도에 영향을 미친다. 이들 연구들을 크게 구분해 볼 수 있다: 교사와 학생의 성격이 일치하는가 혹은 불일치하는가를 다루는 연구와 학생과 교사가 제공하는 교수환경이 일치하는가 혹은 불일치하는가를 다루는 연구로써 두 번째 범주가 *LSI*(첫 번째 연구경향은 Smith(1976)에서 포괄적으로 다룬 바 있다)의 기저가 되는 연구이며 발달과 보다 관련이 있으므로 향후엔 두 번째 연구경향에 맞추어 전개할 것이다.

*LSI*에 보다 직접적으로 관련이 있는 연구들은 학생이 스스로 내린 자신의 요구와 선호도에 근거하여 학생과 여러 교수책략이 서로 맞는

지에 대한 것이다. 다음과 같은 질문을 통해 처음으로 연구를 수행한 사람은 James(1962)로서: 선호하는 양식으로 학습한 사람들이 그렇지 않은 사람보다 실제적으로 잘 학습하는지를 연구하였다(p. 44). James는 500명의 비행사에게 혼자서 학습하는 자료를 선호하는지 강의 형식을 좋아하는지 질문하였다. 500명의 사람들을 각각 선호하는 양식에 따라 집단으로 나누고, 각 집단을 다시 무선적으로 동수의 두 개의 집단에 배정하였다. 이 중 한 집단은 읽기자료를 받고 다른 집단은 테이프에서 나오는 강의를 듣는 것이다. 과정이 끝날 쯤에, 모든 참여자에게 30문항의 선택형 테스트를 실시하였다. 피험자의 선택과 학습자료를 제시한 양식 간에 유의한 상호작용 효과가 나타났다. 다시 말해서, 선호하는 방식으로 학습한 사람과 그렇지 않은 사람의 점수에서 유의한 차이가 나타났다.

Pascal(1971)은 심리학 과정을 수강하는 대학생 185명을 대상으로 학생들이 선호하는 학습스타일에 맞는 교수책략의 교육적 효과에 대한 연구를 실시하였다. 학생들에게 세 가지 교수법-강의, 강의와 토론, 독립연구에 대해 간단히 설명하고 이들 교수법에 대한 학생의 선호도를 측정하였다. 이들 학생 중 반 정도는 첫 번째로 선호한다고 응답한 교수법에 무선적으로 배정되었다. 나머지 학생들은 무선적으로 두 번째 혹은 세 번째로 선호한다고 응답한 교수법에 무선적으로 배정되었다. 연구결과, 선호하는 학습스타일로 학습하도록 한 학생들이 첫 번째로 선호하는 학습스타일로 학습하지 않은 학생들에 비해 심리학에 대해 보다 긍정적인 태도를 갖는 것으로 나타났다. 그러나 학점 및 강의평가에서는 차이가 나타나지 않았다. 그렇다면 이상의 결과는 시사하는 바가 크다. 선호하지 않는 방식인 독립연구로 학습한 학생들은 독립과정을 선호하여 이 스타일로 학습한 학생에 비해 과정이 보다 어렵고 불안해하는 것으로 나타났다($p < .01$). 학생들은 선택권을 갖는

것을 좋아하고(93.5 퍼센트가 긍정적으로 응답) 선택권으로 인해 자유와 개별화를 얻을 수 있었다고 응답하였다(91.6 퍼센트가 긍정적으로 응답). 그러므로 학생에게 맞는 학습스타일은 학생들로 하여금 학습경험을 계획하고 학습할 주제에 대한 학생의 태도를 증가하는 결과를 가져왔다.

Stahl과 Kuhn(1995)은 학생의 학습스타일을 이해하는 것만으로 읽기 학습에 영향을 미치기엔 충분하지 않다고 하였다. 학생의 요구를 충족하기 위해 교수법을 바꾸어 줄 수 있을 때만이 변화가 생긴다. 부가적으로, 교수기술을 학생의 스타일에 맞추는 것은 초등학생과 중학생의 동기를 향상하는 여러 요인 중 하나로 보고되고 있다(Ellington, Long, & McCullough, 1997). Campbell(1990)은 학습스타일에 기초한 학습을 받은 6학년 학생을 대상으로 연구하였다. 연구결과 학습습관, 학습태도와 행동이 긍정적으로 증진되는 것으로 나타났다.

Ast(1988)는 학생의 학습스타일과 교수스타일 및 교육과정의 영향과의 상관관계가 주는 시사점을 기술하면서, 학습이 성격과 동기 발달에 영향을 미치는 내적, 외적 요인들에 기초한다는 점을 주장하였다. 자신의 학습스타일로 학습한 학생들은 보다 높게 성취하며, 흥미가 있고 학습하고자 하는 동기가 높은 경향을 보인다. Ast에 의하면, 교사는 학생들에게 그들의 스타일에 맞는 경험을 제공하고 학생들을 환경에 적응하도록 도움으로써 교육과정과 학생의 학습스타일 간에 적합점이 있도록 하는 핵심적인 사람이다.

전반적으로 이들 연구결과들에 의하면, 학생의 선호하는 학습스타일에 맞게 교수책략을 조절하는 노력이 효과적인 것으로 나타났다. 초기 *LSI* 판에서 실시한 타당성 연구 결과 또한 이상의 결과를 지지한다(Renzulli & Smith, 1984).

교수책략과 학습스타일의 적합성

비록 일부 교사들이 본능적으로 자신의 교수기술을 학생의 선호하는 학습스타일에 맞게 조절하지만, 이와 같이 조절하는 그 기초는 일반적으로 비형식적이다(Cronbach, 1967; Lesser, 1971). 교사들은 학생과 상호작용하는 중에 단서를 얻고 나서 여기서 얻은 인상대로 교수스타일을 변경한다. 교사의 의도는 바람직하지만, 직관적으로 조절하는 것은 경우에 따라 비효율적이며 해로운 경우도 있을 수 있다(Cronbach, 1967). Lesser(1971, p.3)에 의하면, 직관 만으로는 현재의 교육적 요구가 갖는 중대함에 비교할 때 비효율적이고 교수에 필요한 지식을 축적하는데 알맞지 않을 수 있다. 대신, 학생을 직관적으로 이해하는 것에 대한 보완책으로 보다 공개적이며, 체계적으로 선호하는 학습스타일을 평가하는 방법이 교사에게 필요하다. *LSI-III*은 학습자의 특징을 보다 상세히 제시함으로써 이상의 요구를 충족시키고자 시도하였다. 교사는 보다 효과적으로 대안적인 교수 자료를 풍부하게 적용할 수 있고, 그 결과 학생들은 자신의 학습 환경에 보다 잘 반응하게 된다.

그 외 *LSI-III*는 교실 상황에서 볼 수 있는 여러 선호하는 학습스타일을 제시함으로써 교사들로 하여금 가능한 영역 내에서 폭넓게 교수 접근법을 활용하게 된다. 하나의 아주 확실하고도 여러 목적으로 사용할 수 있는 교수책략은 없으므로, 교실 내에서 사용할 여러 대안들을 제시하는 것이 보다 아동의 입장에 근접하여 (Joyce & Weil, 1972) "지겹고 당혹스럽게" 하는 문제를 줄일 수 있다 (McNamee, 1971). Joyce와 Hodges(1966)가 제안한 바대로, 목적 지향적으로 여러 교수스타일을 전개할 수 있는 교사는 레퍼토리가 제한적인 교사에 비해 보다 잠재적으로 성공하게 된다. 따라서 교수의 질을 향상하는 것은 교실에서 적용하는 교수기술을 증진하는 것과 관련이 있다. *LSI-III*는 어느 특정 학생의 하위집단에게 가장 유용한 책략이 무엇인지에 대해 교사가 관심을 갖도록 돕는다.

마지막으로, *LSI-III*를 개발하는데 있어 기저가 되는 연구들은 또한 교육에서 볼 수 있는 일반적인 오해, 즉 공동의 목표-어떤 특정 지식을 완전학습 하려는 요구는 반드시 공통의 교수에 의거해야 한다(Tanner & Lindgren, 1971)는 것을 제거하는데 도움을 줄 것이다. Tanner와 Lindgren(1971)이 제시한 것처럼, "각 학습자마다 학과목에 대해 똑같은 기본적인 이해를 가질 것이라는 생각은 학생의 요구에 따라 교수방법을 다양하게 하려는 것과 심리적으로 상치되는 것이다 (p. 151). 개별 학습자의 선호하는 학습스타일을 파악함으로써, 교사들은 공동의 목적을 달성하기 위해 필요한 것과 여러 다양한 방법을 보다 잘 인식하게 될 것이다.

교실에서의 자연발화 창출

20년 이상의 현장연구에 기초하여, 학교전체 심화모델(Schoolwide Enrichment Model: Renzulli & Reis, 1985, 1997)은 다양한 배경과 능력, 흥미 및 스타일을 가진 학생의 긍정적인 변화를 도모하고자 개발되었으며 학습활동을 일차적인 목적으로 삼았다([도표 1]에서 기술한 바와 같이). 학교전체 심화모델은 학생의 노력, 즐거움과 성취를 증진하는 일련의 특별한 책략은 물론 높은 수준의 학습경험과 상위-수준의 사고기술을 교육과정, 학습하는 과정과 학교 조직패턴에 다각도에서 접목하도록 제안하고 있다. 위 계획의 중심은 개별 학생의 흥미와 재능을 개발할 수 있도록 권장하고 촉진하려는 노력에 있다.

교사들은 다음의 세 가지 책략을 통해서 목적을 달성한다. 첫째, 교사들은 모든 학생들에게 광범위한 탐색경험(예: 연사초청, 견학 및 흥미센터)을 제공해 주는 교수절차와 프로그램을 마련하고 본래 정규교육과정에서 다루지 않는 여러 흥미로운 주제, 아이디어 및 지식분야에 학생을 노출시키는 것이다. 이들 경험(흥미 수준)에 대한 학생들의 반응은 보다 높은 수준의 추후 활동을 할 수 밖에 없다는 점을 보여준다. 예를 들어, 지역사회 오염문제에 대해 강연하는 초청강사는 학생의 호기심을 불러일으킨다. 그 결과, 오염에 흥미가 생긴 학생은 지역 수질상태를 조사하는 연구 프로젝트를 수행하기 위해 심화집단을 형성하게 된다. 그 과정의 일부로서, 이 심화집단은 각 집단 구성원의 강점에 따라 집단 내에서도 전문가의 역할을 하게 된다. 이와 같은 활동은 개인적으로 의미 있는 학습일 뿐 아니라 또한 현학적인 학습과 교과서를 통해서는 달성할 수 없는 비판적이고 창의적인 사고를 촉진한다. 연구에 의하면, 이들 활동에 참여한 학생들은 그렇지 않은 학생에 비해 보다 흥미를 파악하며(Stednitz, 1985), 생산적이며 창의적인 활동에 참여한 학생일수록 자신의 창의적인 산출물로 인해 자아-효능감이 더 높은 것으로 나타났다(Starko, 1986).

둘째, 종합재능 기록표(Total talent portfolio, Purcell & Renzulli, 1998)라고 하는 강점 평가지침을 통해 학생 스스로 자신의 강점, 흥미와 인지/학습스타일을 예상할 뿐만 아니라 자의식을 증진하게 된다. TTP에는 학생 평가; 교사관찰, 제안 및 추천이 포함되며; 학생의 단기 및 장기적인 목적; 문어적 산출물; 흥미와 재능 개발과 관련 있는 학교 내 외의 학생활동기록 등이 포함된다. 학생들은 어떤 산출물을 포트폴리오에 넣을지 결정하는 기준을 만들고 다듬어 나가면서 폴더와 그 내용을 통제한다. TTP는 학생들이 평가를 생각하는 방법을 바꾸어 놓는다; 교실에서 누가 누구보다 잘한다는 것에 집중하기 보다는 학생의 약점을 피하고 보완하고, 본질적으로 성공적인 지능의 요소인

(Sternberg, 1998) 그들의 강점을 어떻게 하면 극대화할 수 있을지 주안점을 두게 된다. TTP를 통해서 학생들은 자신이 어떤 것에 관심이 있는지(흥미), 그들에게 쉽고 어려운 것은 무엇인지(능력), 자신에게 자연스러운 것은 무엇인지(스타일), 무엇을 달성하고자 하는지(목표), 얼마나 더 해야 되는지(자기-관리), 자기 주도적 및 자기규제학습에서 어떤 종류의 상위인지가 필요한지(Schunk & Zimmerman, 1994)를 보다 염두에 두게 된다(부록 B에서 TTP를 보다 자세히 제시).

셋째, 적절한 교수중재는 평가정보에 좌우되므로, 평가는 교수와 학습의 중요 부분이다. 학생을 지도하기 전에, 교사들은 검사점수, 학점 및 자기 평가 등을 포함하여 학생의 능력, 흥미, 스타일에 대한 정보를 수집한다. 현재상태정보(Status Information)라고 하는 이상의 정보를 통해서 교사들은 현재의 능력, 흥미와 학습스타일을 이해할 수 있다. 학생을 지도하면서, 교사는 정규수업에서 혹은 심화활동 중에 직접관찰을 통해서 정보를 보다 얻게 된다. 어떤 새로운 흥미 및 강점들이 이 과정에서 나타나기도 한다. 이와 같은 관찰은 행동정보(Action information)의 한 형태로 이들 정보를 통해 교사는 특정 활동을 위한 적절한 교수활동 배열 및 활동을 결정하게 된다. 예를 들어, 정규수업이 전혀 도전적이지 않은 학생을 위해, 교사는 교육과정을 압축하여(Reis, Burns, & Renzulli, 1992)(학습내용을 보다 적은 활동으로 압축하는 것), 학생들로 하여금 학생의 지식과 기술 수준에 맞는 보다 높은, 상위수준의 학습과제를 수행할 시간을 부여한다.

이상의 교수계열과 디자인의 바탕에는 다음의 두 가지 원리가 있다. 첫째, 평가는 계속 진행중인 것이며, 역동적인 과정이며 속성상 다차원적이다. 전통적인 표준화된 검사는 여전히 학생의 강점을 나타내주는 여러 지표들 중의 하나에 지나지 않는다. 그렇지만, 하나의 규준적인 순위점수는 주의 깊은 분석과 여러 자료와 정보차원을 종합해서 내리는 판단을 대체할 수 없다. 둘째, 교사는 새롭게 나타나는 학습자의 특징을 예를 들어, 수학개념을 이해하는데 어려움이 있는지 어떤 주제에 대해 새롭게 생긴 열정이 있는지 등을 수렴하기 위해 가능한 한 많이 그리고 자주 자신의 교수방법을 차별화해야 한다. 교육과정과 교수활동을 차별화하는 것은 성취수준이 높은 학생과 성취기준에 미치지 못하는 학생을 위한 특별한 조치를 말하는 것이 아니다. 오히려, 차별화한다는 것은 각 학생의 학습과정상의 요구를 파악하고 성공적인 학습, 재능개발과 개인적 성장을 위해 필요한 긍정적인 경험을 증진하는 것이다.

결론

금세기 초에, 어떻게 학교를 개혁할 것인가에 대한 딜레마가 크게 부각되었다. 학생인구가 점차 다양해짐에 따라, "위에서 아래로 내려오는" 일관적인 기준을 부과하는 것이 어렵게 되었다. "중대한 이해관계가 되는 검사"와 같은 보다 외적인 기준을 제기하게 되면서 책무성(accountability)에 대한 공공의 요구에 호소하게 되었으나 검사도구를 통한 측정결과는 단지 성취가 향상되었음을 허상적으로 보여줄 뿐이다. 현실은 학교에 계속적으로 압력을 가해 교육과정의 질을 낮추고(dumbing down) 기준을 낮추는 보상교육 모델을 확대하여 사용하도록 하고 있을 뿐이다. 본서에서는 각 학생의 재능과 강점을 개발하고자 고안한 상이한 접근법을 언급하였다. 누가 가장 높은 점수를 얻었는지에 관심을 기울이기 보다는 흥미와 학습스타일 같은 요인을 고려함으로써 학생들에게 최선의 교육적 경험을 제공하는데 관심이 있다. 검사점수를 올리는 데보다는 학습하고자 하는 학생의 내적 동기를 증가하고 학습에 있어서 자기-주도적이며 자기-규제를 증진하는데 관심이 있다. 학업성취는 일반적으로 중요한 교육의 목적 중 하나이지만 각 학생의 강점과 재능을 극대화하고자 할 때 그 초점은 보다 큰 관점을 갖고 학업성취를 향상하고자 하는 필요성에 두어야 한다. 우리 국가를 위대하게 하는 것은 우리 사회의 생산성이 모든 수준에서 그리고 인간 활동의 여러 면에서 재능발달을 추구하기 때문이다. 새로운 아이디어, 산출물 및 예술작품을 창출하는 사람과 발명가에서부터 제조업을 하는 사람, 광고하고 이들 창조물을 파는 다양한 사람들에 이르기까지 우리의 삶을 풍족하게 하며, 이와 같은 수월성과 형평성 수준이 우리 삶의 기준에 기여하고 있다. 재능발달을 위한 학교라는 비전은 모든 사람이 각자 사회를 향상시키는 중요한 역할을 담당하고 있고 학교가 이들에게 기회, 자원과 최대한 자신의 재능을 개발할 수 있도록 권장할 때, 모든 사람의 역할이 증진된다는 믿음에 기인한다. 이와 같은 관점에서, 학생들의 다양성은 약점이 아닌 강점이다. 간단히 말해, 우리 문화의 강점은 개성과 책임을 강조하는데 있다고 생각한다. 둘째, 학습은 활동적이며, 구조적이며, 인지적인 자료를 필요로 할 뿐 아니라 정서 및 동기가 있어야 활동이 개인적으로 중요한 의미를 갖게 되는 것이다. 셋째, 각 학생들은 내적 자원을 가지고 있고, 적절하게 배양되고 방향이 설정될 때, 가장 바람직한 교육적 결과를 창출할 수 있다. 그러므로 학생들에게서 가장 좋은 것을 이끌어 내는 것이 우리의 책임이며 가장 큰 도전인 것이다.

참고 문헌

Alexander, P. A., Kulikowich, J. M., & Schulze, S. K. (1994). How subject-matter knowledge affects recall and interest. *American Educational Research Journal, 31*, 313-337.

Anastasi, A. (1980). Abilities and the measurement of achievement. In W. B. Schrader (Ed.), *Measuring achievement: Progress over a decade* (pp. 1-10). San Francisco: Jossey-Bass.

Ast, H. J. (1988, November). *Learning styles: Implications for curriculum and instruction*. Paper presented at the Alberta Association for Adult Literacy Conference, Calgary, Alberta. (ERIC Reproduction Service ED302280)

Atkinson, J. W. (1957). Motivational determinants of risk taking behavior. *Psychological Review, 64*, 359-372.

Bandura, A. (1977). Self-efficacy: Toward a unifying theory of behavioral change. *Psychological Review, 84*, 191-215.

Bandura, A. (1986). *Social foundations of thought and action: A social cognitive theory*. Englewood Cliffs, NJ: Prentice Hall.

Bandura, A. (1997). *Self-efficacy: The exercise of control*. New York: W. H. Freeman.

Bandura, A., & Schunk, D. H. (1981). Cultivating competence, self-efficacy, and intrinsic interest through proximal self-motivation. *Journal of Personality and Social Psychology, 41*, 586-598.

Barbe, W. B., & Swassing, R. H. (1979). *Teaching through modality strengths: Concept and practices*. Columbus, OH: Zaner-Bloser, Inc.

Brown, A. (1997). Transforming schools into communities of thinking and learning about serious matters. *American Psychologist, 52*, 399-413.

Campbell, L. J. (1990). *Using individual learning style inventories and group teaching methods in a sixth grade classroom*. Nova University. (ERIC Reproduction Service ED336687)

Carroll, J. B. (1993). *Human cognitive abilities: A survey of factor-analytic studies*. New York: Cambridge University Press.

Case, R. (1985). *Intellectual development: Birth to adulthood.* Orlando, FL: Academic Press.

Cronbach, L. J. (1967). How can instruction be adapted to individual differences? In R. M. Gagne (Ed.), *Learning and individual differences.* Columbus, OH: Merril Books.

Dai, D. Y., Moon, S. M., & Feldhusen, J. F. (1998). Achievement motivation and gifted students: A social cognitive perspective. *Educational Psychologist, 33*, 45-63.

deCharms, R. (1968). *Personal causation: The internal affective determinants of behavior.* New York: Academic Press.

Deci, E. L. (1992). The relation of interest to the motivation of behavior: A self-determination theory perspective. In K. A. Renninger, S. Hidi, & A. Krapp (Eds.), *The role of interest in learning and development* (pp. 43-70). Hillsdale, NJ: Lawrence Erlbaum Associates.

Dunn, R., Dunn, K., & Price, G. E. (1978). *Learning style inventory.* Lawrence, KS: Price Systems.

Ellington, W. E., Long, E. A., & McCullough, K. L. (1997). Improving student motivation through the use of varied instructional and curricular adaptations. Saint Xavier University. (ERIC Reproduction Service ED 412006)

Flynn, J. R. (1987). Massive IQ gains in 14 nations: What IQ tests really measure. *Psychological Bulletin, 101*, 171-191.

Flynn, J. R. (1994). IQ gains over time. In R. J. Sternberg (Ed.), *Encyclopedia of human intelligence* (pp. 617-623). New York: MacMillan.

Gardner, H. (1983). *Frames of mind: The theory of multiple intelligences.* New York: Basics.

Gottfried, A. E., & Gottfried, A. W. (1996). A longitudinal study of academic intrinsic motivation in intellectually gifted children: Childhood through early adolescence. *Gifted Child Quarterly, 40*, 179-183.

Gregorc, A. (1982). *An adult's guide to style.* Columbia, CT: Gregorc Associates.

Guild, P. B., & Garger, S. (1985). *Marching to different drummers.* Alexandria, VA: Association for Supervision and Curriculum Development.

Guilford, J. P. (1959). Three faces of intellect. *American Psychologist, 14,* 469–479.

Harter, S. (1992). The relationship between perceived competence, affect, and motivational orientation within the classroom: Processes and patterns of change. In A. K. Boggiano & T. S. Pittman (Eds.), *Achievement and motivation: A social-developmental perspective* (pp. 77–114). New York: Cambridge University Press.

Herrnstein, R. J., & Murray, C. (1994). *The bell curve.* New York: Free Press.

Hunt, D. E. (1971). *Matching models in education: The coordination of teaching methods with student characteristics.* Ontario, Canada: Ontario Institute for Studies in Education.

James, N. E. (1962). Personal preference for method as a factor in learning. *Journal of Educational Psychology, 53,* 43–47.

Joyce, B. R., & Hodges, R. E. (1966). Instruction flexibility training. *Journal of Teacher Education, 17,* 409–416.

Joyce, B. R., & Weil, M. (1972). *Models of teaching.* Englewood Cliffs, NJ: Prentice–Hall.

Kuhl, J. (1985). Volitional mediators of cognition–behavior consistency: Self–regulatory processes and action versus state orientation. In J. Kuhl & J. Beckmann (Eds.), *Action control: From cognition to behavior* (pp. 101–128). Berlin: Springer.

Lesser, G. S. (1971). Matching instruction to student characteristics. In Lesser, G. S. (Ed.), *Psychology and educational practice.* Glenview, IL: Scott, Foresman.

Lewis, M. D. (1989). Early infant–mother interaction as a predictor of problem–solving in toddlers. *International Journal of Early Childhood, 21,* 13–22.

Loewenstein, G. (1994). The psychology of curiosity: A review and reinterpretation. *Psychological Bulletin, 116,* 75–98.

Lohman, D. F. (1993). Teaching and testing to develop fluid abilities. *Educational Researcher, 22*(7), 12–23.

Mac Iver, D. J., Stipek, D. J., & Daniels, D. H. (1991). Explaining within–semester changes in student effort in junior high school and senior high school courses. *Journal of Educational Psychology, 83*, 201–211.

McCarthy, B. (1980). *The 4MAT system: Teaching to learning styles with right/left mode techniques.* Barrington, IL: Excel.

McCarthy, B. (1990, October). Using the 4MAT system to bring learning styles to schools. *Educational Leadership*, 31–37.

McNamee, G. E. (1971). Instructional stereotypes and educational practice. In Lesser, G. S. (Ed.), *Psychology and educational practice.* Glenview, IL: Scott, Foresman.

Myers, I. B., & Briggs, K. C. (1976). *The Meyers-Briggs type indicator.* Palo Alto, CA: Consulting Psychologists Press, Inc.

Newell, A., & Simon, H. A. (1972). *Human problem solving.* Englewood Cliffs, NJ: Prentice Hall.

Pascal, C. E. (1971). Instructional options, option preferences and course outcomes. *The Alberta Journal of Educational Research, 17*, 1–11.

Phenix, P. H. (1987). *Views on the use, misuse, and abuse of instructional materials.* Paper presented at the Annual Meeting of the Leadership Training Institute on the Gifted and Talented, Houston, TX.

Piaget, J. (1967). *Six psychological studies.* New York: Random House.

Plomin, R., & Petrill, S. A. (1997). Genetics and intelligence: What's new? *Intelligence, 24*, 53–77.

Prenzel, M. (1992). The selective persistence of interest. In K. A. Renninger, S. Hidi, & A. Krapp (Eds.), *The role of interest in learning and development* (pp. 71–98). Hillsdale, NJ: Lawrence Erlbaum Associates.

Purcell, J. H., & Renzulli, J. S. (1998). *Total talent portfolio: A systematic plan to identify and nurture gifts and talents.* Mansfield Center, CT: Creative Learning Press.

Reis, S. M., Burns, D. E., & Renzulli, J. S. (1992). *Curriculum compacting: The complete guide to modifying the regular curriculum for high-ability students.* Mansfield Center, CT: Creative Learning Press.

Renzulli, J. S. (1977). *The Interest-A-Lyzer.* Mansfield Center, CT: Creative Learning Press.

Renzulli, J. S. (1992). A general theory for the development of creative productivity in young people. In F. Mönks & W. Peters (Eds.), *Talent for the future: Social and personality development of gifted children* (pp. 51–72). Assen/Maastricht, The Netherlands: Van Gorcum.

Renzulli, J. S. (1994). *Schools for talent development: A practical plan for total school improvement*. Mansfield Center, CT: Creative Learning Press.

Renzulli, J. S. (1997). *The Interest-A-Lyzer family of instruments: A manual for teachers*. Mansfield Center, CT: Creative Learning Press.

Renzulli, J. S., & Dai, D. Y. (2001). Abilities, interests, and styles as aptitudes for learning: A person–situation interaction perspective. In R. J. Sternberg & L. Zhang (Eds.). *Perspectives on thinking, learning, and cognitive styles* (pp. 23–46). London: Lawrence Erlbaum.

Renzulli, J. S., & Reis, S. M. (1985). *The schoolwide enrichment model: A comprehensive plan for educational excellence*. Mansfield Center, CT: Creative Learning Press.

Renzulli, J. S., & Reis, S. M. (1997). *The schoolwide enrichment model: A how-to guide for educational excellence* (2nd ed.). Mansfield Center, CT: Creative Learning Press.

Renzulli, J. S., & Smith, L. H. (1984). Learning style preferences: A practical approach for classroom teachers. *Theory Into Practice*, *18*, 44–50.

Renzulli, J. S., & Smith, L. H. (1978). *Learning Styles Inventory: A measure of student preference for instruction techniques*. Mansfield Center, CT: Creative Learning Press.

Rosenberg, M. B. (1968). *Diagnostic teaching*. Seattle, WA: Special Child Publications.

Schunk, D. H., & Zimmerman, B. J. (Eds.). (1994). *Self-regulation of learning and performance: Issues and educational applications*. Hillsdale, NJ: Lawrence Erlbaum Associates, Inc.

Smith, L. H. (1976). *Learning styles: Measurement and educational significance*. Unpublished doctoral dissertation, University of Connecticut, Storrs.

Snow, R. E. (1992). Aptitude theory: Yesterday, today, and tomorrow. *Educational Psychologist*, *27*, 5–32.

Stahl, S. A., & Kuhn, M. R. (1995). Does whole language or instruction matched to learning styles help children learn to read? *School Psychology Review*, *24*, 393–404.

Starko, A. J. (1986). *The effects of the revolving door identification model on creativity and self efficacy*. Unpublished doctoral dissertation, University of Connecticut, Storrs.

Stednitz, U. (1985). *The influence of educational enrichment on the self-efficacy in young children*. Unpublished doctoral dissertation, University of Connecticut, Storrs.

Sternberg, R. J. (1985). *Human intelligence: An information-processing approach*. New York: Freeman.

Sternberg, R. J. (1988). Mental self-government: A theory of intellectual styles and their development. *Human Development*, *31*, 197–221.

Sternberg, R. J. (1998). Abilities are forms of developing expertise. *Educational Researcher*, *27*(3), 11–20.

Sternberg, R. J., & Kaufman, J. C. (1998). Human abilities. *Annual Review of Psychology*, *49*, 479–502.

Tannenbaum, A. (1962). *Adolescents' attitudes toward academic brilliance*. New York: Bureau of Publications, Teachers College, Columbia University.

Tanner, L. N., & Lindgren, H. C. (1971). *Classroom teaching and learning: A mental health approach*. New York: Holt, Rinehart, & Winston.

Thomas, A., & Chess, S. (1977). *Temperament and development*. New York: Bruner/Mazel.

Torrance, E. P. (1965). Different ways of learning for different kinds of children. In E. P. Torrance & R. D. Strom (Eds.), *Mental health and achievement: Increasing potential and reducing school dropout*. New York: Wiley.

Vinton, J. (1968). *The relationship among life style, task, and structure in university classrooms*. Unpublished doctoral dissertation, Case Western Reserve University, Cleveland, OH.

White, R. W. (1959). Motivation reconsidered: The concept of competence. *Psychological Review*, *66*, 297–333.

Zimmerman, B. J. (1990). A social cognitive view of self-regulated academic learning. *Journal of Educational Psychology, 81*, 329–339.

부록 B

영재학생을 전체적으로 보기: 종합재능 기록표 개발

부록 B에서는 학생의 능력, 흥미와 스타일에 대한 정보를 종합재능 기록표(Total Talent Portfolio)에 수집하고 보존하는 방법을 소개한다. 교사들은 이들 정보를 활용하여 학생들에게 심화경험을 제공하는 의사결정을 내리게 된다.

모든 학습자는 효과적인 학습과 창의적인 산출물의 기초가 되는 강점 혹은 잠재적인 장점을 가지고 있으며 종합재능발달의 모델(예: 학교전체 심화모델, Renzulli & Reis, 1997)은 교사들로 하여금 전통적으로 교육적 의사결정을 위해 사용하던 인지적 능력뿐 아니라 흥미와 학습스타일에도 관심을 기울이도록 요청하고 있다. 종합재능 기록표(Purcell & Renzulli, 1998)는 교사들에게 체계적으로 학생의 능력, 흥미와 학습스타일에 대한 정보를 수집하고 기록할 수 있는 양식을 제공한다. 이와 같은 정보를 사용하여, 교사들은 학생에 대해 보다 완전한 상을 형성하게 되고, 이를 기초로 보다 적절한 교육적 경험을 조직할 수 있다. 종합재능 기록표의 주요 목적은 다음과 같다.

1. **수집(Collect).** 학생의 강점을 보여주는 여러 유형의 정보를 수집하고 정규적으로 업데이트 한다.
2. **분류(Classify).** 수집한 정보를 능력, 흥미, 선호하는 스타일 같은 일반적인 범주로 분류한다.
3. **검토(Review) 및 분석(Analyze).** 정규교육과정, 심화집단 및 연속적인 특별 서비스 등의 심화경험을 제공하는 의사결정을 내리기 위해서 정규적으로 이들 정보를 검토하고 분석한다.
4. **협의(Negotiate).** 공동의 의사결정에 참여하여 교사와 학생은 여러 속진과 심화학습 방안 및 기회에 대해 협의한다.
5. **정보의 사용(Use the information).** 교육적, 개인적 및 진로상담을 위한 자료로서 그리고 학교의 재능개발기회와 이에 대한 자녀의 참여에 대해 부모와 의사소통을 나누기 위한 자료로 정보를 사용한다.

각 차원에 포함되는 특별한 항목과 자료수집에 대한 지침인 포트폴리오의 여러 차원들을 [그림 1]에 제시하였다. TTP의 목적은 학생들이

능력	흥미	선호하는 스타일			
최고 성취 지표들	흥미영역[2]	선호하는 스타일[3]	선호하는 학습 환경[5]	선호하는 사고 스타일[6]	선호하는 표현 스타일[7]
검사 · 표준화된 검사 · 교사가 만든 학점 · 교사평정 **결과물 평가**[1] · 문어적 · 구어적 · 시각적 · 음악적 · 구조적 학습활동 참여 수준 다른 사람과의 상호작용 정도	순수예술 공예 문학 역사 수학적/논리적 물리과학 생명과학 정치학/사법 운동/레크리에이션 시장/비즈니스 드라마/무용 음악공연 음악작곡 경영/비즈니스 사진학 영화/오디오 컴퓨터 기타	반복과 상술 또래 교수 강의 강의/토론 토론 지침이 있는 독립 연구4 학습/흥미센터 시뮬레이션, 역할 놀이, 드라마화 학습 게임 모방한 보고서 혹은 프로젝트[4] 보고서 혹은 프로젝트 조사[4] 지침이 없는 독립 연구[4] 인턴십 견습과정	**개인 간/개인 내** · 자기-지향적 · 또래-지향적 · 성인-지향적 **물리적 환경** · 소리 · 열 · 빛 · 디자인 · 유동성 · 시간대 · 음식 섭취 · 좌석	분석적 (학교 성적이 좋은) 합성적/창의적 (창의적, 발명적) 실질적/맥락적 (공부 외 실제 적용을 잘 하는) 입법적 행정적 사법적	문어적 구어적 조작적 토론 전시 드라마화 예술적 그래픽 상업적 서비스

1. 주의: 부과된 것과 자기가 선택한 결과물 간의 차이.
2. 참조, Renzulli, 1997
3. 참조, Renzulli, Smith, & Rizza, 2002
4. 사사의 유무
5. 참조, Amabile, 1983; Dunn, Dunn, & Price, 1977; Gardner, 1983
6. 참조, Sternberg, 1984, 1988, 1990
7. 참조, Kettle, Renzulli, & Rizza, 1998; Renzulli & Reis, 1985

[그림 1] 종합재능 기록표의 차원들

자신의 학습과 교육의 주체가 되도록 권장하는 것이므로, TTP에 포함할 항목을 선택하고 포트폴리오를 보관하고 정기적으로 업데이트하고 개인적인 목적을 설정하는 일차적인 책임은 학생에게 있다.

그리고 나서 교사는 포트폴리오 개관과정에서 지침을 주고 향후 심화 및 재능개발 경험에 대한 의사결정에 이들 정보를 사용한다.

종합재능 기록표의 독특한 특징은 강점과 '상위목적 학습' 행동에 주안점을 둔다는 점이다. 교육상에 존재하는 전통으로 인해 학생기록을 주로 결점을 지적하는데 사용하였다. 의학적 모델(예: 진단-처방)을 고수함으로써 거의 항상 부정적인 방향을 향하였다: "무엇이 잘못되었는지 찾아 고쳐라!" 종합 재능평가에서 강조하는 바는 각 학생의 학습행동에서 가장 긍정적인 면들을 파악하는 것이다. 포트폴리오에 보다 상위수준의 학습활동의 초석이 되는 학업적 강점뿐 아니라 강한 홍미, 선호하는 학습스타일과 강한 동기, 창의성과 리더십에도 관심을 기울여 모든 정보를 포함해야 한다.

현재상태 정보(Status Information)

TTP에 기록하는 첫 번째 유형의 정보는 능력, 홍미와 학습스타일의 학생 특징에 대한 것으로 이를 현재상태 정보라고 한다. 현재상태 정보는 교사들이 알고 있거나 교수과정 중에 나타나는 학습자 특징 이전의 학생에 대해 기록할 수 있는 것을 말한다. 현재상태 정보의 예로는 검사점수, 학점, 여러 학습행동에 대한 교사평정과 형식적 그리고 비형식적인 홍미와 학습스타일에 대한 평가 등이 있다.

능력

능력 혹은 최대 성취지표들(전통적으로 심리측정적 연구에서 정의하는 바와 같은)은 학생들이 어떤 특정 태도 영역이나 학업성적에서 달성한 가장 높은 수준의 성취를 보여주는 유능성을 말한다. 학교성취차원에 대한 평가는 전통적으로 테스트 혹은 학점으로 평가되었다. [그림 1]의 첫 번째 난은 보편적인 평가를 제시하고 있지만 또한 많은 부가적인 절차를 포함하여 교사들이 최대 성취를 조사할 수 있다. 이들 절차들은 전통적인 검사만큼 신뢰롭거나 객관적이지 못할 수 있지만 학생들이 복잡한 과제, 지식을 적용하여 해결해야 하는 과제 및 자기 주도적인 학습활동을 어떻게 성취하는지 교사들에게 알려주는 이점이 있다.

형식적인 검사와 대안적인 형태의 검사의 좋은 점에 대해서 광범위하게 논의되고 있는 반면, 본서에서는 어떤 것이든 모든 정보로 인해 교사가 성취에 필요한 잠재력을 이해하고 향상시킬 수 있고 성취를 증진하기 위한 방향을 제시할 수 있다면 형식적인 검사든 대안적인 형태의 검사든 바람직하다고 생각한다. 대안적인 형태의 검사는 형식적인 검사만큼 중요하며 대안적인 평가 정보를 수록하지 않는 종합재능 기록표는 제한적일 수밖에 없을 것이다. 교사가 만든 평가는 지식 획득, 기본기술의 완전학습과 어떤 경우엔 문제해결 책략에 대한 정보를 제공한다. 이들 정보는 일반적인 능숙도를 결정할 때 중요하지만 종합재능 기록표를 고려하는 한, 가장 가치가 있는 교사가 만든 평가는 개방적인 혹은 확장된 반응을 이끌어내는 것이다. 이와 같은 종류의 반응은 구어적이든 문어적이든 생각을 표현하고, 관련 가설을 생성하고, 창의적인 해결을 복잡한 문제에 적용하고, 깊은 이해 수준을 보여주므로, 자신의 논지를 펴는 등의 복잡한 학생의 능력에 대한 통찰을 교사는 얻게 된다. 개방형 반응 또한 학생들에게 자신의 예술적 그리고 과학적 창의성을 보여주고 분석, 일반화 및 평가 등의 높은 수준의 능력을 나타낼 좋은 기회를 제공한다.

이전 과목과 산출물에서 받은 학점 또한 특정 영역에서 나타나는 강점에 대한 정보를 제공할 수 있다. 학점이 교사가 만든 평가에서 볼 수 있는 성취와 덜 구조화된 상황에서 볼 수 있는 기타 성취를 반영할 때, 테스트 점수만으로 얻을 수 있는 것보다 학생 능력에 대해 보다 포괄적인 상을 얻을 수 있다. 학점의 장단점은 검사와 측정에 관한 여러 문헌에서 살펴볼 수 있으며 모든 교사들은 학점을 주는 과정과 학점의 유용성에 대해 이미 경험하고 있을 것이다. 종합재능 기록표에서 볼 수 있는 학점의 좋은 점은 정규교육과정, 심화집단 배정 혹은 연속적인 특별 서비스 등에 대한 수정방안과 적용방안을 결정할 때 일반영역에서의 학생의 강점을 빨리 살펴볼 수 있다는 점에서 표준화된 평가 및 교사가 만든 평가와 유사한 점이 있다.

영재아 행동평정척도(Scales for rating the behavioral characteristics of superior students-revised edition, 2002)와 같은 교사평정 도구를 통해서도 또한 학생 능력과 재능에 대한 통찰을 얻을 수 있다. 비록 영재아 행동 평정척도를 전통적으로 특별한 서비스가 필요한 학생을 파악할 때 사용하였지만, 학교와 교사들은 학생의 강점을 보다 잘 이해하고 TTP에서 이용하고자 할 때 또한 영재아 행동평정척도를 사용할 수 있다. 영재아 행동평정척도가 리더십, 음악, 드라마, 동기 및 창의성과 같은 비학문적인 영역에서의 강점을 평가하기 때문에 보다 전통적인 평가가 줄 수 없는 학생에 대한 전체적인 식견을 더해줄 수 있다. 부록 C에 일부 영재아 행동평정척도를 수록하였다.

흥미

학생의 흥미를 주축으로 교육경험을 설정하는 것은 학교에서 심화활동을 적용하는 가장 효과적인 방법 중 하나이다. 학교전체심화 모델에 대한 수많은 평가연구에서, 학생들이 가장 좋아한다고 응답한 것은 거의 대부분 자신의 흥미를 따라 추구하는 과제를 선택할 자유가 가장 컸기 때문이라 하였다. 학생이 현재 그리고 향후 흥미를 가질 만한 것을 조사하기 위한 계획적인 책략이 *바로 Interest-A-Lyzer*(Renzulli, 1977, 1997)라고 하는 도구이다. *Interest-A-Lyzer* 도구들은 3단계 수준으로, 즉 초보(K-3), 초등(3~6), 중, 고등(7~12)용으로 구분되며 미술영역뿐 아니라 기타 다른 영역의 샘플을 부록 C에 수록하였다.

*Interest-A-Lyzer*의 주요 목적은 학생들 간 그리고 학생과 교사 사이의 의사소통을 열자는 것이다. 또한 보다 상위수준에서 추구하고자 하는 영역에 대해 알고자 하는 공통의 흥미를 가진 학생집단 사이에서 토론을 증진하기 위해 개발되었다. *Interest-A-Lyzer*는 수치상의 점수를 산출하는 유형의 도구가 아니라 패턴분석을 하는 도구이다. *Interest-A-Lyzer*의 주요 패턴 혹은 요인은 다음과 같다.

1. 무대 공연예술
2. 창의적인 작문과 저널리즘
3. 수학
4. 비지니즈 경영
5. 운동
6. 역사
7. 사회활동
8. 순수예술과 공예
9. 과학

10. 기술

염두에 두어야 할 것은 위의 요소들이 일반적인 영역 혹은 홍미들을 나타내므로 학생들이 어떤 특정 분야에서 홍미를 갖는 방식은 매우 다양하다는 점이다. 따라서 일반적인 패턴을 파악하는 것은 홍미분석의 첫 번째 단계일 뿐이다. 학생들이 일반적인 분야 혹은 여러 결합된 형태의 홍미 내에서 특별한 문제를 파악할 수 있도록 일반적인 홍미에 대해 세밀히 논의하고 주안점을 두어야 한다.

선호하는 교수스타일

[그림 1]의 3번째 난은 대부분의 교사에게 친숙한 광범위한 교수기술을 기술하고 있다. 본서에서 제시하는 학습스타일 버전을 통해서 교사들은 학생들이 선호하는 학습스타일을 파악할 수 있다. TTP에 선호하는 학습스타일을 포함하는 것이 중요하지만, 교사들은 학생을 하나의 학습스타일로 규정짓지 않도록 주의해야 한다. 모든 교육과정 영역과 교육활동을 통틀어 하나의 교수스타일로 선호하는 학생들은 매우 드문 반면, 대부분의 학생들은 과목과 연령에 따라 선호하는 것이 다양하다. 교육자들은 주기적으로 학생들의 선호하는 바를 재평가해야 하고 TTP에 업데이트해야 한다.

선호하는 학습 환경

선호하는 학습 환경은 교수스타일에 대한 선호만큼 연구되지 못하였다. 그렇지만, 몇 편 안 되는 연구들의 공통된 결과에 의하면 환경의 사회적, 심리적인 면은 학업성취에 다양하게 영향을 미친다. Amabile (1983)은 학생들의 창의성에 영향을 미치는 사회적, 환경적 요인을 다루는 연구들을 살펴보았다. 어떤 학생들은 소집단 혹은 대집단 상황을 좋아하는 반면, 어떤 학생들은 단 한 명의 파트너와 활동하는 것을 좋아하고, 또 어떤 학생들은 혼자서 혹은 어른과 함께하는 것을 좋아한다. 선호하는 교수스타일처럼 선호하는 환경은 가르치는 자료의 기능, 달성할 과제의 속성, 기존의 학생 집단 내에 존재하는 사회적 관계에 따라 다양하다. 비록 지배적인 조직적 배치가 효율성과 교실통제를 위해 필요하지만, 교사는 일부 어떤 학생들이 대안적인 교육환경에서 이점을 얻을 것이 분명하다면 다양성을 고려해야 한다.

선호하는 사고 스타일

종합재능 기록표의 다섯 번째 난은 학생들이 자신의 능력과 태도를 사용할 때 선호하는 방식에 대한 정보를 나타낸다. 선호하는 사고 스타일은 능력과 성격을 연결 짓는 다리로서 가장 잘 나타낼 수 있으며 학생의 선호하는 사고 스타일에 대한 정보는 학생들이 문제를 언급하는 방법에 대한 방향을 제시해 주게 된다. Sternberg(1988)는 미국 정부의 3개 부서를 사용하여 정신적인 자아-통제이론(theory of self-government)을 비유적으로 표현하였다. 정신의 입법기능(legislative function)은 창조하고, 형성하고, 계획하는 것과 연관된다. 입법적 스타일을 가진 사람은 스스로 규칙과 일을 하는 방식을 만들어 내기를 좋아하며, 이들은 덜 구조화된 문제를 선호하고 독창적인 작품을 쓰고, 건물을 짓고 새로운 프로젝트 및 기업을 고안하는 것 같은 구조적이며 계획에 기초한 활동을 좋아한다. 입법적 스타일을 가진 사람들은 창의적인 작가, 과학자, 예술가, 투자가, 정책입안자 및 건축가의 직종에 종사한다. 행정기능(executive function)은 다른 사람이 주도한 계획 및 아이디어를 실행에 옮기거나 수행하는 것과 관련이 있다. 행정적 스타일을 가진 사람은 규칙을 따르고 일을 하는 방식을 찾는 것을 좋아하고 미리 구조화된 문제와 기존 구조 내에서 일하는 것을 선호한다. 행정적 스타일은 변호사, 건축가, 수술을 집도하는 사람, 경찰, 매니저와 행정가들이 선호하는 학습스타일이다. 판단기능(judicial function)은 문제를 관리하고 아이디어 및 생산물에 대한 판단을 내리는 것과 관련이 있다. 사법적 스타일을 가진 사람은 규칙, 절차 및 기존 조직을 평가하는 것을 좋아하며, 비평을 쓰고, 의견을 제기하고 사람과 일에 대해 판단 내리는 것을 좋아한다. 이와 같은 스타일은 판사, 비평가, 조직분석가, 입학 사정가 및 질을 관리하는 전문가 같은 직업에서 볼 수 있다(Sternberg, 1988).

Sternberg와 Wagner(1991)는 정신적 자아-통제 사고 스타일 검사도구(*Mental Self-Government Thinking Styles Inventory*)라는 제목의 검사도구를 개발하고 연구를 진행하였다. 이 128개 문항으로 구성되어 리커르트 식으로 반응하는 검사도구는 13개 하위구조 각각에 대해 요인 점수를 산출한다: 입법적(legislative), 행정적(executive), 판단적(judicial), 포괄적(global), 지엽적(local), 진보적(progressive), 보수적(conservative), 위계적(hierarchical), 군주적(monarchical), 과두독재적(oligarchic), 무정부적인(anarchic), 내부적(internal), 외부적(external).

선호하는 표현스타일

종합재능 기록표의 마지막 난은 사람들이 자신을 표현할 때 선호하는 방식에 관한 것이다. 대부분의 교실활동은 문어적, 계산방식에 치중하고 구어적으로 표현하는 것이 많다. 미술 및 체육교육 같은 특별한 과목영역은 이들 과목이 갖는 고유한 표현스타일이 있다. 그러나 선호하는 표현스타일에 대한 지식을 통해서 교사는 리더십 지향 표현에서부터 산출물 지향 표현에 이르기까지 광범위한 표현스타일을 "인정"해줌으로써 개인과 소집단을 위한 교육적 방안을 확대할 수 있다. 만약 학생들이 자신이 이해한 것과 유능성을 보여줄 방법을 선택할 수 있다면, 어떤 특정 표현스타일에 대한 학생의 흥미는 보다 높은 수준의 생산성과 학습을 하도록 동기를 부여하게 된다. 게다가, 학생들이 자신을 표현하는 방식에 대한 지식을 갖고 있다는 점은 협동학습과 프로젝트 집단을 조직하는 좋은 수단이 된다. 표현스타일에 따라 책임지는 것을 다양하게 함으로써, 무선적으로 학습을 할당해 주는 것보다 기능적으로 그리고 학생들에게 자신의 독특한 강점 영역에서 활동해볼 기회를 주게 된다.

My way: An Expression Styles Inventory(Kettle, Renzulli, & Rizza, 1998)라는 표현스타일 도구를 개발하여 교사 및 학생들로 하여금 선호하는 표현스타일을 파악하도록 하였다. 다음의 10개 범주(문어적, 구어적, 예술적, 컴퓨터 기술, 청각/시각적 기술, 의사소통 서비스, 드라마화, 조작적과 음악적)로 구성된 중고등학생용 표현스타일 도구를 사용하여 연구를 진행한바 있으며 부록 C에 이 도구의 예를 수록하였다.

행동 정보(Action Information)

행동정보는 교수과정 중에 발생하는 사건을 해석적으로 기록한 것들로 이루어져 있다. 정의상, 행동정보는 미리 기록할 수 없는데 그 이유는 형식적인 학습 환경 밖에서 발생하는 기타 경험뿐 아니라 다양한 학습경험에 대한 학생의 반응을 기록하고자 개발되었기 때문이다.

성취, 만족과 열정을 관찰하고 기록함으로써, 교사들은 이전 경험에 대한 긍정적인 반응을 계속적으로 극대화하는 후속 활동을 결정할 수 있다. 부모 및 학생과 지내는 교직원이 적절한 추후활동, 필요한 자료와 앞으로 할 성취평가상황을 결정하기 위해 이에 대한 학생의 반응을 문서화하는 양식의 기능을 TTP를 사용하여 수행할 수 있다.

행동 정보 역시 완수한 과제와 기타 성취에 근거한 관찰 및 평가에서 학생이 보여준 활동의 예에 대해 설명하는 것으로 구성되어 있다. 이들 설명들은 경우에 따라 학생활동을 보다 구조적으로 분석할 뿐 아니라 비형식적인 간단한 기록이 될 수도 있다. 학생들이 자신의 포트폴리오에 넣을 항목들을 선택하기 때문에, 교사들은 분석과 평가에서 중요한 과정 기술을 강화해야 한다. 어떤 교사들은 학생들이 작성하여 프로젝트와 함께 제출하는 평가용지를 개발한다. 이들 루브릭(rubric)을 통해서 학생들은 학습하는 방법을 배우고, 자신의 활동에 대해 설정한 기준을 정확하게 이해하고, 객관적으로 평가할 기회를 갖게 된다.

종합재능 기록표 사용

종합재능 기록표의 주요 목적은 능력, 흥미와 스타일 영역에서 각 학생들의 강점을 포괄적으로 보여주는데 있다. 교사와 학생들이 선택한 학생 작품도 포트폴리오에 넣어야 하고 교사와 학생들은 작품의 여백에 그 작품에서 줄 수 있는 특별한 강점을 명시해야 한다. 교사팀은 주기적으로 포트폴리오를 살펴보아야 하며 부모와의 면담에서 포트폴리오를 초점으로 활용해야 한다. 포트폴리오는 매년 학생이 진급할 때마다 같이 올려 보내야 하며 학생의 강점과 성취에 대해 새로운 학년 선생님에게 학생을 설명하는 기초자료로 포트폴리오를 활용해야 한다.

그냥 자료를 모아놓은 폴더와 달리, 종합재능 기록표는 검사점수와 학점에서 나타나지 않는 학생의 강점에 대한 정보를 담고 있다. 종합재능 기록표는 학생을 3 차원적으로 보여주는 실질적인 정보를 담고 있다. 종합재능 기록표를 볼 때 학생들을 돕는 방법을 보다 잘 이해하기 위해 긍정적인 개별 학생의 강점에 집중하는 것이 중요하다. 무엇보다도, 종합재능 기록표는 교사, 학생 및 부모가 가장 좋은 교육경험을 창출하기 위해 서로 공유해야 하는 일종의 공간이라는 점이다.

학생의 긍정적인 발전을 이뤄내려고 교사와 기타 학교 관련자들은 학생을 지도한다. 부모 역시 자녀의 강점을 개발하는 도전적인 학습기회를 제공하기를 바란다. 그러나 많은 교사와 부모는 따로따로 학생들이 상위-목적 학습기회에 도달할 수 있도록 노력한다. 종합재능 기록표는 부모, 학생과 교사들이 학생의 강점과 재능을 함께 찾아낼 수 있도록 초청하는 독특한 체제를 제공한다. TTP에 수집된 정보에서, 교사들은 학생들의 마음을 사로잡고 학습하고 만들어 보고자 북돋우는 도전적인 경험을 제공함으로써, 그들의 능력, 흥미와 선호하는 스타일에서 최선의 것을 이뤄내도록 돕게 된다.

참고문헌

Amabile, T. M. (1983). *The social psychology of creativity*. New York: Springer-Verlag.

Purcell, J. H., & Renzulli, J. S. (1998). *Total talent portfolio: A systematic plan to identify and nurture gifts and talents*. Mansfield Center, CT: Creative Learning Press.

Kettle, K. E., Renzulli, J. S., & Rizza, M. G. (1998). Products of mind: Exploring student preferences for product development using *My Way: An Expression Style Inventory*. *Gifted Child Quarterly*, *42*(1), 48-61.

Renzulli, J. S. (1977). *The Interest-A-Lyzer*. Mansfield Center, CT: Creative Learning Press.

Renzulli, J. S. (1997). *The Interest-A-Lyzer family of instruments: A manual for teachers*. Mansfield Center, CT: Creative Learning Press.

Renzulli, J. S., & Reis, S. M. (1997). *The Schoolwide Enrichment Model: A comprehensive plan for educational excellence*. Mansfield Center, CT: Creative Learning Press.

Renzulli, J. S., Smith, L. H., White, A. J., Callahan, C. M., Hartman, R. K., & Westberg, K. L. (2002). *Scales for Rating the Behavioral Characteristics of Superior Students—Revised Edition*. Mansfield Center, CT: Creative Learning Press.

Sternberg, R. J. (1988). Mental self-government: A theory of intellectual styles and their development. *Human Development*, *31*, 197-224.

Sternberg, R. J., & Wagner, R. K. (1991). *Mental self-government thinking styles inventory*. New Haven, CT: Authors.

종합재능 기록표의 요소

부록 C에서는 *LSI-III*와 함께 보다 학생에 대한 포괄적인 이해를 제공하는 여러 도구의 예들을 살펴볼 것이다. 부록 B에서 어떻게 교사들이 종합재능 기록표에 이들 정보를 넣을지를 기술하였다.

Scales for Rating Behavioral Characteristics of Superior Students(3~12**학년**)

영재아 행동특성 평정 척도
(Scales for Rating the Behavioral Characteristic of Superior Students)

Joseph, S. Renzulli / Linda, H. Smith / Alan J. White / Carolyn, M. Callahan / Robert K. Hartman / Karen L. Westberg

Direction: 본 척도는 학습, 동기, 창의성, 지도력, 미술, 음악, 드라마, 의사소통, 그리고 계획 영역에서 학생들의 행동 특성을 평가하기 위한 것으로, 각 항목에서 볼 수 있는 내용은 영재아의 행동특성에 관한 연구문헌에 근거하고 있습니다. 학생마다 개인차가 있으므로 서로 많이 다를 수 있습니다. 본 척도의 항목을 따로 분리해서 고려해야 하며 여러분이 어느 정도로 다음의 행동 특성을 볼 수 있는지 표시해야 합니다. 행동별로 10개의 차원이 있으므로, 점수 또한 따로 계산하여야 하며, 전체 점수를 산출할 수는 없습니다. 그 외에 본 도구는 전국규준을 제공하지 않으므로, 만일 지역규준을 만들고자 하면, 학교와 학년 수준에서 하여야 합니다.

다음의 항목을 잘 읽고 각 행동특성을 어느 정도 관찰할 수 있는지 상응하는 빈도수에 X표 해주십시오. 각 항목은 처음에 "**학생은 다음의 행동을 보인다**"로 시작합니다.

점수계산
- "전체 칼럼점수(Column Total)"를 산출하려면 칼럼별로 X표한 개수를 더한다.
- "가중치 전체칼럼(Weighted Column Total)"을 산출하려면 칼럼별로 "전체 칼럼점수"에 "가중치(weight)"를 곱셈한다.
- 각 척도 차원 점수를 산출하려면 "가중치 전체 칼럼점수"를 더한다.
- 아래에 각 점수를 적는다.

I.	학습 특성	________
II.	창의적 특성	________
III.	동기적 특성	________
IV.	리더십 특성	________
V.	미술적 특성	________
VI.	음악적 특성	________
VII.	드라마적 특성	________
VIII.	의사소통 특성 (정확성)	________
IX	의사소통 특성 (표현력)	________
X	계획 특성	________

Scales for Rating Behavioral Characteristics of Superior Students(3~12학년)

창의적 특성

OO는 다음의 행동을 보인다.	전혀	매우 드물게	드물게	때때로	자주	항상
1. 상상력이 풍부하다.	☐	☐	☐	☐	☐	☐
2. 유머감각이 있다.	☐	☐	☐	☐	☐	☐
3. 기발하고 독특하며 재치 있는 반응을 보인다.	☐	☐	☐	☐	☐	☐
4. 모험심이 있어 위험도 무릅쓴다.	☐	☐	☐	☐	☐	☐
5. 어떤 문제나 질문이 있을 때, 아이디어 및 해결책을 많이 생각해낸다.	☐	☐	☐	☐	☐	☐
6. 남이 우습지 않은 상황에서도 유머를 찾는다.	☐	☐	☐	☐	☐	☐
7. 어떤 사물이나 자신의 생각을 적절하게 바꾸어 개선하거나 수정한다.	☐	☐	☐	☐	☐	☐
8. 지적인 놀이를 하며 공상, 상상하기를 좋아한다.	☐	☐	☐	☐	☐	☐
9. 비동조적이며 자신이 다른 사람과 다르다는 것을 두려워하지 않는다.	☐	☐	☐	☐	☐	☐
칼럼 점수 더하기	☐	☐	☐	☐	☐	☐
가중치 곱하기	1	2	3	4	5	6
가중치가 부가된 칼럼 점수 더하기	☐ +	☐ +	☐ +	☐ +	☐ +	☐
총점					☐	

Scales for Rating Behavioral Characteristics of Superior Students(3~12학년)

동기적 특성

OO는 다음의 행동을 보인다.	전혀	매우 드물게	드물게	때때로	자주	항상
1. 오랜 시간 한 주제에 집중한다.	☐	☐	☐	☐	☐	☐
2. 교사의 지시를 받지 않고 독립적으로 행동한다.	☐	☐	☐	☐	☐	☐
3. 어떤 주제나 문제에 지속적으로 흥미를 보인다.	☐	☐	☐	☐	☐	☐
4. 자신이 흥미 있는 주제에 관한 정보를 찾을 때 끈기를 보인다.	☐	☐	☐	☐	☐	☐
5. 어떤 과제에 실패했을 때도 끈기 있게 끝까지 하려고 한다.	☐	☐	☐	☐	☐	☐
6. 자신이 노력해서 생긴 결과에 책임지는 것을 좋아한다.	☐	☐	☐	☐	☐	☐
7. 흥미 있는 주제나 문제를 끝까지 완성하려고 한다.	☐	☐	☐	☐	☐	☐
8. 어떤 주제나 문제에 집중하여 몰두한다.	☐	☐	☐	☐	☐	☐
9. 흥미가 있을 땐, 장시간을 요하는 과제라도 붙들고 끝까지 한다.	☐	☐	☐	☐	☐	☐
10. 목표를 달성할 때까지 끈기를 보인다.	☐	☐	☐	☐	☐	☐
11. 처음에 흥미를 느끼는 일은 외부로부터의 동기유발이 없이도 자기 혼자 잘 한다.	☐	☐	☐	☐	☐	☐
칼럼 점수 더하기	☐	☐	☐	☐	☐	☐
가중치 곱하기	1	2	3	4	5	6
가중치가 부가된 칼럼 점수 더하기	☐ +	☐ +	☐ +	☐ +	☐ +	☐
총점						☐

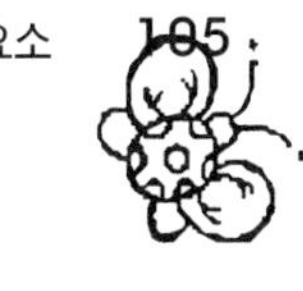

Primary Interest-A-Lyzer(유치원~3학년)

Joseph S. Renzulli
Mary G. Rizza
University of Connecticut

PRIMARY INTEREST-A-LYZER

이름: ______________________ 나이: ______________________
교사: ______________________ 날짜: ______________________

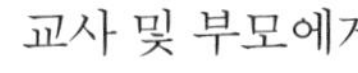
교사 및 부모에게

본 *Interest-A-Lyzer*는 유치원 아동부터 3학년 학생까지 대상으로 전체 학급에서 실시할 수 있습니다. 특히, 잘 읽지 못하는 학생에게는 특별한 주의를 기울여 주시기 바랍니다. 전체 지시문을 읽어줄 때나 문제를 계속 풀도록 하기 위해 각 문제마다 있는 그림 단서를 이용할 수 있습니다. 학생의 반응 및 어떤 글자를 쓴 것인지 알아보기 힘든 경우에, 다른 사람의 도움을 얻을 수 있습니다.

본 도구의 해석은 *Interest-A-Lyzer*의 다른 버전들과 유사하며 더 넓은 범주 내에서 학생의 반응을 살펴봅니다. 정보가 많을수록 해석하기 더 쉽습니다. 가능하면, "왜" "얼마나 오랫동안" 혹은 "더 있니" 등의 질문을 통해, 될수록 많은 정보를 얻어야 합니다.

본 도구는 학생들과 긍정적이고 즐거운 활동을 할 수 있는 기회를 제공할 뿐 아니라, 학생은 물론 그들의 비 학문적인 흥미도 파악할 수 있도록 해줍니다. 본 도구에서 기억할 것은 정답이 없다는 것입니다. 각별히 주의하셔서 각 반응이 정말 학생 자신의 흥미인지 확인해야 합니다. 시간 제한은 없고, 학생들을 충분히 격려하여 도구에 직접 기입하기 전에 어떻게 대답할 지 생각할 수 있도록 해 주십시오.

Primary Interest-A-Lyzer(유치원~3학년)

어떤 종류의 책 읽기를 좋아하나요?

무슨 책을 좋아하나요?

어떤 클럽이나 팀에 다니고 있나요? 무엇인지 말해 주세요.

과거로 여행할 수 있다고 상상해 보세요. 어디로 갈 건가요?

Primary Interest-A-Lyzer(유치원~3학년)

사람들은 게임을 좋아하는데 여러분은 무슨 게임을 좋아하나요?

____

____

____

____

새로운 게임을 만들어서 해 본 적이 있나요? 무엇인지 말해 주세요.

____

____

____

견학을 간다고 생각해 보세요. 견학 갈 곳을 선택할 수 있다면 어디로 갈 것인지 세 개만 골라주세요.

____ 박물관	____ 과학 센터
____ 운동 경기장	____ 아이스 쇼
____ 음악을 연주하는 곳	____ 시청
____ 신문을 만드는 곳	____ 소방서
____ 텔레비전 스튜디오	____ 식물원
____ 법원	____ 경찰서
____ 동물원	____ 놀이공원
____ 극장	____ 사회 활동

여기 외에 다른 곳이 있나요?

____

____

____

Interest-A-Lyzer(4학년~중2학년)

THE INTEREST-A-LYZER

Joseph S. Renzulli
University of Connecticut

학생: ______________________ 나이: ______________________
학교: ______________________ 학년: ______________________
날짜: ______________________

본 질문지는 여러분들이 자신의 흥미와 잠재적으로 흥미가 있는 영역을 찾도록 도와주는데 그 목적이 있습니다. 질문지는 테스트가 아니므로 정답은 없으며 여러분의 대답은 비밀이 보장됩니다. 만약 교사나 다른 학생들과 본 질문지에 대해 이야기를 나누고 싶다면, 그렇게 할 수 있습니다.

일부 심화활동 시간을 사용하여 개인 혹은 소집단 프로젝트를 할 것입니다. 이 때 여러분에게 흥미 있는 프로젝트를 할 수 있기를 바랍니다. 그러므로 여러분이 어떤 것에 흥미가 있는지 생각할 필요가 있습니다.

흥미를 찾는 좋은 방법은 기회가 주어진다면, 무엇을 하고 싶은지 또 어떻게 할 것인지 생각하는 것입니다. 다음의 질문은 "상상해 보세요"라는 형식으로 이뤄졌으며, 이 가상적 상황에서 여러분이 내릴 결정에 대해 생각해 보는 것입니다.

문제를 읽을 때 친구가 어떻게 쓸지, 또 친구가 여러분의 대답에 대해 어떻게 느낄지 생각하지 마십시오. 기억할 것은 여러분이 비밀을 원한다면, 어떻게 대답했는지 아무도 알 수 없습니다.

지금 당장 질문에 대답하지 않아도 됩니다. 반복해서 읽고 며칠 동안 생각한 후에 대답해도 됩니다. 다른 사람과 질문에 대해 의논하지 마십시오. 때때로 다른 사람의 의견이 영향을 미쳐서 여러분 자신의 흥미를 찾는데 방해가 될 수 있습니다. 본 도구는 여러분 자신의 흥미에 대해 생각하도록 하는 것이 목적입니다.

Interest-A-Lyzer(4학년~중2학년)

1.

여러분의 학급이 비디오 제작 회사를 만들었다고 상상해 보세요. 처음에 학생마다 서명을 하고 그 다음에 아래에 있는 직업 중 하나를 선택합니다. 여러분은 첫 번째로 무엇을 선택할 것인가요? 첫 번째는 1을, 두 번째는 2를, 그 다음에는 3으로 표시해 주세요.

____ 배우
____ 디렉터
____ 음악가
____ 비지니즈 운영자
____ 컴퓨터 효과 음향 전문가
____ 후원자
____ 광고 담당자
____ 스크립트 구성작가
____ 의상 디자이너
____ 배경 디자이너
____ 조명/ 음향 담당자
____ 카메라 담당자
____ 무용가

2.

유명한 책의 작가라고 상상해 보세요. 책의 주제는 무엇인가요? 하나만 동그라미 하세요.

순수예술	비지니즈	과학
수필	역사	사회 활동
스포츠	수학	무대 공연 예술
기술		

무엇에 대한 것인가요?

____
____
____

책 제목은 무엇인가요?

____
____

Interest-A-Lyzer(4학년~중2학년)

3. 컴퓨터나 전화를 사용하여 세계 여러 곳의 사람과 의사소통할 수 있어요. 여러분의 학교가 인터넷이나 전화 시스템을 설치하여, 세계 누구와도 의사소통할 수 있다고 상상해 보세요. 누구와 의사소통하고 싶은가요?

첫 번째: ____________________
두 번째: ____________________
세 번째: ____________________

4. 타임머신을 타고 과거의 유명한 사람이 어느 시대에나 갈 수 있다고 상상해 보세요. 만약 이 사람들을 여러분의 학급에 초대할 수 있다면, 누구를 초대할 것인가요?

첫 번째: ____________________
두 번째: ____________________
세 번째: ____________________

5. 수집하는 것이 있나요? 우표, 동전, 사진, 야구 카드, 혹은 여러 가지 것들을 수집하나요? 여러분이 수집하는 것과 몇 년 동안 수집했는지 적어주세요.

수집하는 것	수집한 년수

다른 원하는 것을 수집할 수 있는 시간과 돈이 있다고 상상해 보세요. 무엇을 수집할 건가요?

____
____

Secondary Interest-A-Lyzer(중1~고3)

Secondary Interest-A-Lyzer

Thomas P. Hébert
The University of Alabama

Michele F. Sorensen
Berlin, Connecticut Public Schools

Joseph S. Renzulli
The University of Connecticut

본 도구는 홍미개발 도구로서, 여러분의 홍미를 개발하기 위한 기초자료로서 활용됩니다. 여러분이 제공하는 정보는 비밀이 보장됩니다. 본 조사결과에 따라 학습경험을 제공함으로써, 여러분의 홍미 및 재능을 개발하고 학습 잠재력에 도전을 제공하고자 합니다.

각 질문을 주의 깊게 읽고 가능한 한 여러분의 홍미를 분명하게 나타낼 수 있도록 자세한 정보를 주시기 바랍니다.

이름: ______________________________

학년: ______________________________

날짜: ______________________________

Secondary Interest-A-Lyzer(중1~고3)

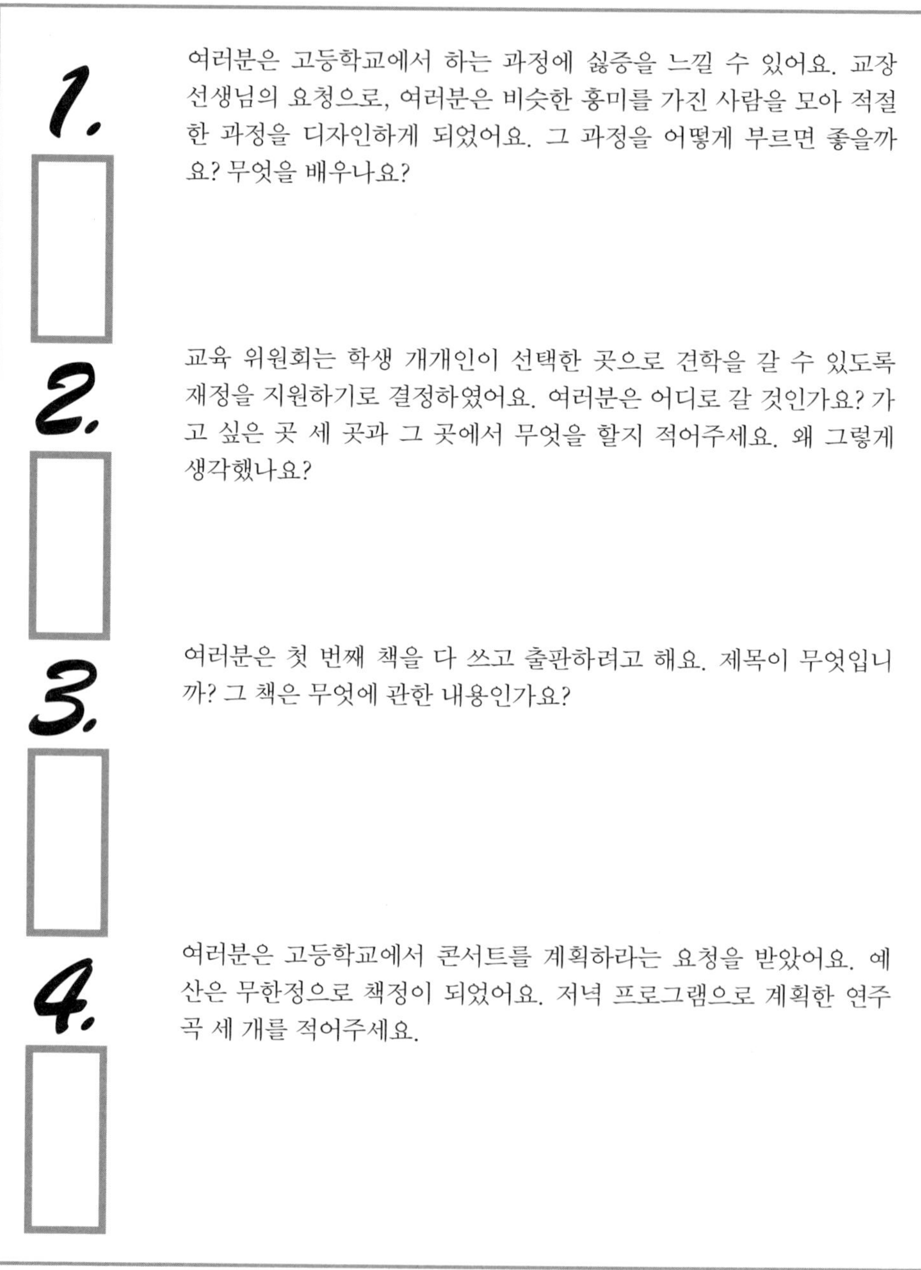

1\. 여러분은 고등학교에서 하는 과정에 싫증을 느낄 수 있어요. 교장 선생님의 요청으로, 여러분은 비슷한 흥미를 가진 사람을 모아 적절한 과정을 디자인하게 되었어요. 그 과정을 어떻게 부르면 좋을까요? 무엇을 배우나요?

2\. 교육 위원회는 학생 개개인이 선택한 곳으로 견학을 갈 수 있도록 재정을 지원하기로 결정하였어요. 여러분은 어디로 갈 것인가요? 가고 싶은 곳 세 곳과 그 곳에서 무엇을 할지 적어주세요. 왜 그렇게 생각했나요?

3\. 여러분은 첫 번째 책을 다 쓰고 출판하려고 해요. 제목이 무엇입니까? 그 책은 무엇에 관한 내용인가요?

4\. 여러분은 고등학교에서 콘서트를 계획하라는 요청을 받았어요. 예산은 무한정으로 책정이 되었어요. 저녁 프로그램으로 계획한 연주곡 세 개를 적어주세요.

My way: An Expression Style Inventory(6학년~중3)

My Way ...

An Expression Style Inventory

K. E. Kettle, J. S. Renzulli, M. G. Rizza
University of Connecticut

산출물을 통해서 학생 그리고 전문가들은 그들이 학습한 것을 보여줄 때 어떤 특정한 방법을 사용합니다. 본 질문지는 여러분이 무언가를 만들고자 할 때 **홍미를 느끼는** 산출물의 종류를 결정하는 데 도움을 줄 것입니다.

나의 이름: ______________________________

지시문:
각 문제를 읽고 각 문제가 나타내는 것에 어느 정도 **홍미가 있는지** 숫자 위에 동그라미 하세요(과제를 어떻게 할지 확실하지 않아도 괜찮습니다).

	전혀 홍미 없음	약간 있음	중간 정도	홍미 있음	매우 홍미 있음
예: 노래가사 짓기	1	2	3	(4)	5
1. 이야기 만들기	1	2	3	4	5
2. 내가 공부한 것에 대해 토론하기	1	2	3	4	5
3. 그림 그리기	1	2	3	4	5
4. 컴퓨터 소프트웨어 디자인하기	1	2	3	4	5
5. 비디오 촬영과 편집하기	1	2	3	4	5
6. 회사 만들기	1	2	3	4	5
7. 지역사회 돕기	1	2	3	4	5
8. 연극에서 연기하기	1	2	3	4	5

My way: An Expression Style Inventory(6학년~중3)

	전혀 홍미 없음	약간 있음	중간 정도	홍미 있음	매우 홍미 있음
43. 어떤 장면을 진흙 조각으로 만들기	1	2	3	4	5
44. 다중매체 컴퓨터 쇼를 만들기	1	2	3	4	5
45. 슬라이드쇼용 슬라이드와 음악을 선택하기	1	2	3	4	5
46. 투자를 관리하기	1	2	3	4	5
47. 사람들을 돕기 위해 의복 및 음식을 모금하기	1	2	3	4	5
48. 어떤 인물의 역할을 해보기	1	2	3	4	5
49. 키트를 조립하기	1	2	3	4	5
50. 오케스트라에서 연주하기	1	2	3	4	5

MY WAY... A PROFILE

지시문:

숫자 옆에 점수를 적으세요. 줄마다 점수를 합산하면 여러분의 표현스타일 프로파일 값이 나옵니다.

산출물

						전체
문어적	1. ____	11. ____	21. ____	31. ____	41. ____	____
구어적	2. ____	12. ____	22. ____	32. ____	42. ____	____
예술적	3. ____	13. ____	23. ____	33. ____	43. ____	____
컴퓨터	4. ____	14. ____	24. ____	34. ____	44. ____	____
청각/시각적	5. ____	15. ____	25. ____	35. ____	45. ____	____
상업적	6. ____	16. ____	26. ____	36. ____	46. ____	____
서비스	7. ____	17. ____	27. ____	37. ____	47. ____	____
드라마화	8. ____	18. ____	28. ____	38. ____	48. ____	____
조작적	9. ____	19. ____	29. ____	39. ____	49. ____	____
음악적	10. ____	20. ____	30. ____	40. ____	50. ____	____

Learning Styles Inventory-III

*Learning Styles Inventory-III*에 수록된 3개의 도구의 예들을 부록 D에 수록하였다. 초등학생용 혹은 중학생용은 Creative Learning Press에서 구입할 수 있다. 각 도구에는 30개 묶음의 학생용 도구, 1개 교사용 도구와 1개 학급요약 용지가 포함되어 있다.

초등학생용 도구

Learning Styles Inventory Version III-ES

J. S. Renzulli, L. H. Smith, & M. G. Rizza

이름: ____________________ 학년: __________

지시문: 각 문제를 읽고 학교에서 여러분이 좋아하는 활동을 나타내고 있는지 생각하세요. 각 활동을 얼마나 좋아하거나 싫어하는지 나타내는 번호에 동그라미 하세요. 여기서 묻고 있는 질문들은 여러분이 학교에서 앞으로 하게 될 것에 대한 것이 아니라, 여러분이 하고 싶은 것에 대한 것입니다. 다 한 다음, 점수를 더해 주세요. 다 마쳤을 때, 선생님의 말씀에 따라 마지막 쪽에 가서 표에 점수를 적습니다.

I.	매우 좋아함	좋아함	잘 모름	싫어함	매우 싫어함
1-1. 선생님께서 새로운 정보에 대해 설명하시는 것을 듣는다.	4	3	2	1	0
1-2. 선생님께서 어떻게 하는 것인지 특별한 방법을 알려주신다.	4	3	2	1	0
1-3. 선생님께서는 학생들에게 기대하시는 것이 분명하시다.	4	3	2	1	0
1-4. 선생님께서 공부할 것을 보여주실 때 듣는다.	4	3	2	1	0
1-5. 선생님께서 새로운 주제에 대한 토론을 이끌어 나가신다.	4	3	2	1	0
1-6. 선생님께서 제시해 주시는 정보를 듣는다.	4	3	2	1	0
1-7. 선생님께서 어떤 주제에 대해 다양한 관점을 제시하는 것을 듣는다.	4	3	2	1	0
1-8. 선생님께서 학생들이 알아야 하는 것을 검토해 주신다.	4	3	2	1	0

I의 전체 점수 _______

II.	매우 좋아함	좋아함	잘 모름	싫어함	매우 싫어함
2-1. 컴퓨터 프로그램을 사용하여 문제를 해결한다.	4	3	2	1	0
2-2. 컴퓨터 프로그램을 사용하여 새로운 정보를 배운다.	4	3	2	1	0
2-3. 해설자가 새로운 정보를 설명하는 비디오를 시청한다.	4	3	2	1	0
2-4. 흥미 있는 주제에 대해 토론하는 채팅방 혹은 소식 난에 참여한다.	4	3	2	1	0
2-5. 공부하는 주제에 대해 더 알고 싶을 때 방송 프로그램을 본다.	4	3	2	1	0
2-6. 정보를 찾으려고 컴퓨터를 활용한다.	4	3	2	1	0
2-7. 알아야 할 것에 대해서는 컴퓨터 프로그램을 사용하여 정보를 찾는다.	4	3	2	1	0
2-8. 인터넷을 사용하여 프로젝트를 할 때 도움을 얻는다.	4	3	2	1	0
2-9. 인터넷상에서 의견을 주고받는 활동에 참여한다.	4	3	2	1	0

II의 전체 점수 _______

초등학생용 도구

Learning Styles Inventory Version III-ES

J. S. Renzulli, L. H. Smith, & M. G. Rizza

III.

	매우 좋아함	좋아함	잘 모름	싫어함	매우 싫어함
3-1. 독립선언서 서명 같은 사건을 해봄으로써 독립선언에 대해 배운다.	4	3	2	1	0
3-2. 선거 캠페인 단원의 역할을 해봄으로써 선거과정에 대해 배운다.	4	3	2	1	0
3-3. 진로 상담자의 역할을 해보거나 구직자의 역할을 하는 학생들을 인터뷰해 봄으로써 직업에 대해 공부한다.	4	3	2	1	0
3-4. 지역시민 단체와 함께 활동하는 공무원의 역할을 해봄으로써 정부가 하는 일에 대해 배운다.	4	3	2	1	0
3-5. 반 전체에 레슨발표를 준비하는 위원회와 함께 활동한다.	4	3	2	1	0
3-6. 앞으로 하고 싶은 직업을 가진 사람을 인터뷰한다.	4	3	2	1	0
3-7. 흥미로운 삶을 산 유명인의 역할을 해본다.	4	3	2	1	0
3-8. 과학자, 언론가, 예술가 혹은 기타 다른 전문가의 역할을 해본다.	4	3	2	1	0

III의 전체 점수 _______

IV.

	매우 좋아함	좋아함	잘 모름	싫어함	매우 싫어함
4-1. 혼자서 새로운 정보를 학습한다.	4	3	2	1	0
4-2. 스스로 할 프로젝트 계획을 세운다.	4	3	2	1	0
4-3. 반 친구들에게 발표할 자료를 스스로 준비한다.	4	3	2	1	0
4-4. 내가 선택한 주제에 대해서 배우려고 책을 읽는다.	4	3	2	1	0
4-5. 내가 선택한 주제를 스스로 공부한다.	4	3	2	1	0
4-6. 독립적으로 스스로 선택한 프로젝트를 한다.	4	3	2	1	0
4-7. 흥미로운 주제에 대한 정보를 스스로 수집한다.	4	3	2	1	0
4-8. 혼자서 도서관에 가서 어떤 주제에 대한 정보를 찾는다.	4	3	2	1	0

IV의 전체 점수 _______

초등학생용 도구

Learning Styles Inventory Version III-ES

J. S. Renzulli, L. H. Smith, & M. G. Rizza

V.	매우 좋아함	좋아함	잘 모름	싫어함	매우 싫어함
5-1. 선생님 도움을 조금만 받고 대신 친구들과 함께 프로젝트를 한다.	4	3	2	1	0
5-2. 여러 친구들과 함께 공부할 내용에 대해 이야기 한다.	4	3	2	1	0
5-3. 선생님께서 말씀해 주신 프로젝트를 친구들과 함께 한다.	4	3	2	1	0
5-4. 어떤 주제에 대해 반 친구들과 함께 프로젝트 계획을 세운다.	4	3	2	1	0
5-5. 친구들과 함께 프로젝트를 계획하고 끝마친다.	4	3	2	1	0
5-6. 연구를 같이 하는 친구들과 함께 보고서를 준비한다.	4	3	2	1	0
5-7. 내가 관심 있는 특별 프로젝트를 친구들과 함께 한다.	4	3	2	1	0
5-8. 정보를 찾기 위해 연구를 같이 하는 친구들과 도서관에 간다.	4	3	2	1	0
5-9. 흥미 있는 주제에 대해 반 친구들과 이야기를 나눈다.					

V의 전체 점수 _______

VI.	매우 좋아함	좋아함	잘 모름	싫어함	매우 싫어함
6-1. 어려운 것을 배울 때 친구의 도움을 받는다.	4	3	2	1	0
6-2. 친구가 잘하는 것에 대해서는 친구에게 배운다.	4	3	2	1	0
6-3. 반 친구로부터 새로운 정보를 배운다.	4	3	2	1	0
6-4. 시험공부를 할 때 친구와 함께 한다.	4	3	2	1	0
6-5. 학교 숙제를 도와줄 친구와 함께 교실 뒤에서 공부한다.	4	3	2	1	0

VI의 전체 점수 _______

초등학생용 도구

Learning Styles Inventory Version III-ES

J. S. Renzulli, L. H. Smith, & M. G. Rizza

VII.	매우 좋아함	좋아함	잘 모름	싫어함	매우 싫어함
7-1. 선생님께서 읽은 이야기를 이해하는지 알아보시려고 쪽지 시험을 보신다.	4	3	2	1	0
7-2. 문장에서 빠진 단어를 채워 넣는 숙제를 한다.	4	3	2	1	0
7-3. 다른 친구들과 함께 단어 알아맞히기를 한다.	4	3	2	1	0
7-4. 질문에 대해 내 답이 정확한지 숙제를 해서 알아본다.	4	3	2	1	0
7-5. 우리 팀이 공부한 주제에 대해 정확하게 대답하는지 대회를 열어 알아보신다.	4	3	2	1	0
7-6. 혼자서 정확하게 할 수 있는 문제를 푼다.	4	3	2	1	0
7-7. 선생님께서 학생 이름을 불러 공부한 것을 기억하는지 알아보신다.	4	3	2	1	0
7-8. 선생님께서 이름을 부르면 그 학생이 질문에 대답한다.	4	3	2	1	0
7-9. 학생들이 배운 것을 알고 있는지 선생님께서 질문을 하신다.					

VII의 전체 점수 _______

Section Totals

I.	II.	III.	IV.	V.	VI.	VII.	전환점수
31~32	36	31~32	30~32	34~36	19~20	33~36	10
28~30	33~35	28~30	27~29	31~33	17~18	30~32	9
25~27	30~32	25~27	24~26	28~30	15~16	27~29	8
22~24	27~29	22~24	21~23	25~27	13~14	23~26	7
19~21	24~26	19~21	17~20	22~24	11~12	20~22	6
16~18	21~23	16~18	14~16	19~21	9~10	17~19	5
12~15	18~20	12~15	11~13	16~18	7~8	14~16	4
9~11	15~17	9~11	8~10	13~15	5~6	11~13	3
5~8	12~14	5~8	5~7	10~12	3~4	8~10	2
0~4	0~11	0~4	0~4	0~9	0~2	0~7	1
직접교수	매체를 활용한 교수	시뮬레이션	독립 연구	프로젝트	또래 교수	상술 및 연습	

중학생용 도구

Learning Styles Inventory Version III-MS

J. S. Renzulli, L. H. Smith, & M. G. Rizza

이름: ____________________ 학년: __________

지시문: 각 문제를 읽고 학교에서 여러분이 좋아하는 활동을 나타내고 있는지 생각하세요. 각 활동을 얼마나 좋아하거나 싫어하는지 나타내는 번호에 동그라미 하세요. 여기서 묻고 있는 질문들은 여러분이 학교에서 앞으로 하게 될 것에 대한 것이 아니라, 여러분이 하고 싶은 것에 대한 것입니다. 다 한 다음, 점수를 더해 주세요. 다 마쳤을 때, 선생님의 말씀에 따라 마지막 쪽에 가서 표에 점수를 적습니다.

I.	매우 좋아함	좋아함	잘 모름	싫어함	매우 싫어함
1-1. 선생님께서 새로운 정보에 대해 설명하시는 것을 듣는다.	4	3	2	1	0
1-2. 선생님께서 어떻게 하는 것인지 특별한 방법을 알려주신다.	4	3	2	1	0
1-3. 선생님께서는 학생들에게 기대하시는 것이 분명하시다.	4	3	2	1	0
1-4. 선생님께서 공부할 것을 보여주실 때 듣는다.	4	3	2	1	0
1-5. 선생님께서 새로운 주제에 대한 토론을 이끌어 나가신다.	4	3	2	1	0
1-6. 선생님께서 제시해 주시는 정보를 듣는다.	4	3	2	1	0
1-7. 선생님께서 어떤 주제에 대해 다양한 관점을 제시하는 것을 듣는다.	4	3	2	1	0
1-8. 선생님께서 학생들이 알아야 하는 것을 검토해 주신다.	4	3	2	1	0
1-9. 선생님께서 말씀하실 때 필기를 한다.					
1-10. 선생님께서는 우리가 배운 것을 알아보시려고 질문을 하신다.					

I의 전체 점수 _______

II.	매우 좋아함	좋아함	잘 모름	싫어함	매우 싫어함
2-1. 컴퓨터 프로그램을 사용하여 문제를 해결한다.	4	3	2	1	0
2-2. 컴퓨터 프로그램을 사용하여 새로운 정보를 배운다.	4	3	2	1	0
2-3. 해설자가 새로운 정보를 설명하는 비디오를 시청한다.	4	3	2	1	0
2-4. 흥미 있는 주제에 대해 토론하는 채팅방 혹은 소식 난에 참여한다.	4	3	2	1	0
2-5. 공부하는 주제에 대해 더 알고 싶을 때 방송 프로그램을 본다.	4	3	2	1	0
2-6. 정보를 찾으려고 컴퓨터를 활용한다.	4	3	2	1	0
2-7. 알아야 할 것에 대해서는 컴퓨터 프로그램을 사용하여 정보를 찾는다.	4	3	2	1	0
2-8. 인터넷을 사용하여 프로젝트를 할 때 필요한 정보를 찾는다.	4	3	2	1	0
2-9. 인터넷상에서 의견을 주고받는 활동에 참여한다.	4	3	2	1	0
2-10. 공동의 주제에 흥미를 가진 사람들과 이메일을 교환한다.					

II의 전체 점수 _______

중학생용 도구

Learning Styles Inventory Version III-MS

J. S. Renzulli, L. H. Smith, & M. G. Rizza

III.

	매우 좋아함	좋아함	잘 모름	싫어함	매우 싫어함
3-1. 독립선언서 서명 같은 사건을 해봄으로써 독립선언에 대해 배운다.	4	3	2	1	0
3-2. 선거 캠페인 단원의 역할을 해봄으로써 선거과정에 대해 배운다.	4	3	2	1	0
3-3. 진로 상담자의 역할을 해보거나 구직자의 역할을 하는 학생들을 인터뷰해 봄으로써 직업에 대해 공부한다.	4	3	2	1	0
3-4. 지역시민 단체와 함께 활동하는 공무원의 역할을 해봄으로써 정부가 하는 일에 대해 배운다.	4	3	2	1	0
3-5. 반 전체에 레슨발표를 준비하는 위원회와 함께 활동한다.	4	3	2	1	0
3-6. 앞으로 하고 싶은 직업을 가진 사람을 인터뷰한다.	4	3	2	1	0
3-7. 흥미로운 삶을 산 유명인의 역할을 해본다.	4	3	2	1	0
3-8. 과학자, 언론가, 예술가 혹은 기타 다른 전문가의 역할을 해본다.	4	3	2	1	0

III의 전체 점수 _______

IV.

	매우 좋아함	좋아함	잘 모름	싫어함	매우 싫어함
4-1. 혼자서 새로운 정보를 학습한다.	4	3	2	1	0
4-2. 스스로 할 프로젝트 계획을 세운다.	4	3	2	1	0
4-3. 반 친구들에게 발표할 자료를 혼자서 준비한다.	4	3	2	1	0
4-4. 내가 선택한 주제에 대한 모든 것을 알고자 책을 읽는다.	4	3	2	1	0
4-5. 내가 선택한 주제를 스스로 공부한다.	4	3	2	1	0
4-6. 독립적으로 스스로 선택한 프로젝트를 한다.	4	3	2	1	0
4-7. 흥미로운 주제에 대한 정보를 스스로 수집한다.	4	3	2	1	0
4-8. 혼자서 도서관에 가서 어떤 주제에 대한 정보를 찾는다.	4	3	2	1	0

IV의 전체 점수 _______

중학생용 도구

Learning Styles Inventory Version III-MS

J. S. Renzulli, L. H. Smith, & M. G. Rizza

V.	매우 좋아함	좋아함	잘 모름	싫어함	매우 싫어함
5-1. 선생님 도움을 조금만 받고 대신 친구들과 함께 프로젝트를 한다.	4	3	2	1	0
5-2. 여러 친구들과 함께 공부할 내용에 대해 이야기 한다.	4	3	2	1	0
5-3. 선생님께서 말씀해 주신 프로젝트를 친구들과 함께 한다.	4	3	2	1	0
5-4. 어떤 주제에 대해 반 친구들과 함께 프로젝트 계획을 세운다.	4	3	2	1	0
5-5. 친구들과 함께 프로젝트를 계획하고 끝마친다.	4	3	2	1	0
5-6. 연구를 같이 하는 친구들과 함께 보고서를 준비한다.	4	3	2	1	0
5-7. 내가 관심 있는 특별 프로젝트를 친구들과 함께 한다.	4	3	2	1	0
5-8. 친구마다 역할이 다르면서 서로 돕는 집단활동에 참여한다.	4	3	2	1	0

V의 전체 점수 _______

VI.	매우 좋아함	좋아함	잘 모름	싫어함	매우 싫어함
6-1. 어려운 것을 배울 때 친구의 도움을 받는다.	4	3	2	1	0
6-2. 친구가 잘하는 것에 대해서는 친구에게 배운다.	4	3	2	1	0
6-3. 반 친구로부터 새로운 정보를 배운다.	4	3	2	1	0
6-4. 시험공부를 할 때 친구와 함께 한다.	4	3	2	1	0
6-5. 학교 숙제를 도와줄 친구와 함께 교실 뒤에서 공부한다.	4	3	2	1	0
6-6. 숙제를 친구와 함께 살펴보고 같이 한다.					

VI의 전체 점수 _______

VII.	매우 좋아함	좋아함	잘 모름	싫어함	매우 싫어함
7-1. 선생님께서 말씀하신 주제에 대해 토론한다.	4	3	2	1	0
7-2. 반 친구들에게 학생들은 자신의 생각을 발표한다.	4	3	2	1	0
7-3. 어떤 주제에 대해 토론하는 동안 다른 친구의 생각을 듣는다.	4	3	2	1	0
7-4. 토론하는 동안 다른 친구들과 생각을 교환한다.	4	3	2	1	0
7-5. 어떤 과목에서 의견을 발표하는 친구의 이야기를 듣는다.	4	3	2	1	0
7-6. 흥미 있는 주제에 관해 반 친구들과 이야기를 나눈다.	4	3	2	1	0

VII의 전체 점수 _______

중학생용 도구

Learning Styles Inventory Version III-MS

J. S. Renzulli, L. H. Smith, & M. G. Rizza

VIII.	매우 좋아함	좋아함	잘 모름	싫어함	매우 싫어함
8-1. 보드 게임을 해서 교과목에서 배운 것을 연습한다.	4	3	2	1	0
8-2. 단어 게임을 하면서 어휘를 연습한다.	4	3	2	1	0
8-3. 배운 것을 연습하기 위해 카드를 사용하여 게임을 한다.	4	3	2	1	0
8-4. 반 친구들과 함께 단어 알아맞히기 게임을 한다.	4	3	2	1	0
8-5. 팀을 나누어 교실에서 배운 주제에 대해 정확하게 대답하는 대회를 연다.	4	3	2	1	0
8-6. 배운 내용을 테스트하기 위해 게임에 참여한다.	4	3	2	1	0

VIII의 전체 점수 _______

Section Totals

I.	II.	III.	IV.	V.	VI.	VII.	VIII.	전환점수
36~40	39~40	31~32	28~32	29~32	22~24	21~24	23~24	10
32~35	37~38	28~30	25~27	26~28	20~21	19~20	21~22	9
28~31	33~36	25~27	21~24	23~25	18~19	17~18	19~20	8
24~27	29~32	22~24	18~20	20~22	16~17	15~16	17~18	7
19~23	25~28	19~21	14~17	17~19	14~15	13~14	15~16	6
15~18	21~24	16~18	11~13	14~16	12~13	11~12	13~14	5
11~14	17~20	12~15	8~10	11~13	10~11	9~10	11~12	4
7~10	13~16	9~11	4~7	8~10	8~9	7~8	9~10	3
3~6	9~12	5~8	1~3	5~7	6~7	5~6	7~8	2
0~2	0~8	0~4	0~2	0~4	0~5	0~4	0~6	1
직접교수	매체를 활용한 교수	시뮬레이션	독립 연구	프로젝트	또래 교수	토론	학습 게임	

교사용 도구

Learning Styles Inventory Version III-Teacher

J. S. Renzulli, L. H. Smith, & M. G. Rizza

본 도구는 학생용 학습스타일 도구와 유사합니다. 항목 뒤에 붙은 "es"와 "ms"은 초등학생용 혹은 중학생용에서만 볼 수 있는 특정 항목을 나타내는 것입니다. 초등학교 교사는 "es" 항목에, 중학교 교사는 "ms" 항목에 응답해 주십시오. 모든 교사들은 그 외 모든 문항에 응답해야 합니다. 각 문항을 읽고 얼마나 자주 교실상황에서 문항이 나타내는 것이 발생하는지 표시해 주세요. 각 섹션 후엔, 점수를 더하고 요인별 문항수로 나눕니다. 점수 해석에 대해서는 학습스타일 도구 제1부에서 제시한 매뉴얼을 참조해 주십시오.

I.	매일	주마다	달마다	경우에 따라	결코 아님
1-1. 학생들이 듣는 동안 새로운 정보를 설명한다.	4	3	2	1	0
1-2. 어떻게 하는 것인지 특별한 방법을 알려준다.	4	3	2	1	0
1-3. 학생들에게 기대하는 바를 분명하게 한다.	4	3	2	1	0
1-4. 공부할 것을 보여줄 때 학생들은 듣는다.	4	3	2	1	0
1-5. 새로운 주제에 대한 토론을 이끌어 나간다.	4	3	2	1	0
1-6. 수업 중에 정보를 제시할 때 학생들은 듣는다.	4	3	2	1	0
1-7. 어떤 주제에 대해 다양한 관점을 제시할 때 학생들은 듣는다.	4	3	2	1	0
1-8. 학생들이 알아야 하는 것을 검토한다.	4	3	2	1	0
1-9. 학생들이 배운 것을 알아보려고 질문을 한다(ms).					
1-10. 말할 때 학생들에게 필기하도록 시킨다(ms).					

직접 교수 점수 _____ ÷ 8(es) 또는 10(ms) = _____

II.	매일	주마다	달마다	경우에 따라	결코 아님
2-1. 컴퓨터 프로그램을 사용하여 문제를 해결하게 한다.	4	3	2	1	0
2-2. 컴퓨터 프로그램을 사용하여 새로운 정보를 배우게 한다.	4	3	2	1	0
2-3. 해설자가 새로운 정보를 설명하는 비디오를 시청하게 한다.	4	3	2	1	0
2-4. 흥미 있는 주제에 대해 토론하는 채팅방 혹은 소식 난에 참여하게 한다.	4	3	2	1	0
2-5. 공부하는 주제에 대해 더 알고 싶을 때 방송 프로그램을 보게 한다.	4	3	2	1	0
2-6. 정보를 찾을 때 컴퓨터를 활용하게 한다.	4	3	2	1	0
2-7. 알아야 할 것에 대해서는 컴퓨터 프로그램을 사용하여 정보를 찾도록 한다.	4	3	2	1	0
2-8. 인터넷을 사용하여 프로젝트를 할 때 필요한 정보를 찾도록 한다.	4	3	2	1	0
2-9. 인터넷상에서 의견을 주고받는 활동에 참여하게 한다.	4	3	2	1	0
2-10. 공동의 주제에 흥미를 가진 학생들과 서로 이메일을 교환하게 한다(ms).					

매체를 활용한 교수 점수 _____ ÷ 9(es) 또는 10(ms) = _____

교사용 도구

Learning Styles Inventory Version III-Teacher

J. S. Renzulli, L. H. Smith, & M. G. Rizza

III.	매일	주마다	달마다	경우에 따라	결코 아님
3-1. 학생들이 직접 독립선언서 서명 같은 사건을 해보게 하여 어떤 사건에 대해 가르친다.	4	3	2	1	0
3-2. 선거 캠페인 단원의 역할을 해보게 하여 선거과정을 가르친다.	4	3	2	1	0
3-3. 진로 상담자의 역할을 해보거나 구직자의 역할을 하는 학생들을 인터뷰하는 활동을 통해 직업에 대해 공부하게 한다.	4	3	2	1	0
3-4. 지역시민 단체와 함께 활동하는 공무원의 역할을 통해 정부가 하는 일을 해보게 한다.	4	3	2	1	0
3-5. 학생들에게 위원회를 구성하여 반 전체에서 자신의 레슨을 발표하게 한다.	4	3	2	1	0
3-6. 앞으로 하고 싶은 직업을 가진 사람을 인터뷰하게 한다.	4	3	2	1	0
3-7. 흥미로운 삶을 산 유명인의 역할을 해보게 한다.	4	3	2	1	0
3-8. 학생들로 하여금 과학자, 언론가, 예술가 혹은 기타 다른 전문가의 역할을 해보게 한다.	4	3	2	1	0

시뮬레이션 점수 _____ ÷ 8 = _____

IV.	매일	주마다	달마다	경우에 따라	결코 아님
4-1. 학생 혼자서 새로운 정보를 학습하게 한다.	4	3	2	1	0
4-2. 학생 스스로 할 프로젝트 계획을 세우게 한다.	4	3	2	1	0
4-3. 반 친구들에게 발표할 자료를 학생 혼자서 준비하게 한다.	4	3	2	1	0
4-4. 학생들이 선택한 주제에 대해 알 수 있도록 책읽기를 시킨다.	4	3	2	1	0
4-5. 학생들이 선택한 주제를 스스로 공부하게 한다.	4	3	2	1	0
4-6. 학생들이 독립적으로 스스로 선택한 프로젝트를 하게 한다.	4	3	2	1	0
4-7. 흥미로운 주제에 대한 정보를 학생 스스로 수집하게 한다.	4	3	2	1	0
4-8. 학생 혼자서 도서관에 가서 어떤 주제에 대한 정보를 찾게 한다.	4	3	2	1	0

독립 연구 점수 _____ ÷ 8 = _____

교사용 도구

Learning Styles Inventory Version III-Teacher

J. S. Renzulli, L. H. Smith, & M. G. Rizza

V.	매일	주마다	달마다	경우에 따라	결코 아님
5-1. 교사의 도움은 조금만 주고 프로젝트를 수행하게 한다.	4	3	2	1	0
5-2. 여러 친구들과 함께 공부할 내용에 대해 이야기 하게 한다.	4	3	2	1	0
5-3. 교사의 제안대로 친구들과 프로젝트를 함께 하게 한다.	4	3	2	1	0
5-4. 어떤 주제에 대해 반 친구들과 함께 프로젝트 계획을 세우게 한다.	4	3	2	1	0
5-5. 친구들과 함께 프로젝트를 계획하고 끝마치게 한다.	4	3	2	1	0
5-6. 연구를 같이 하는 친구들과 함께 보고서를 준비하게 한다.	4	3	2	1	0
5-7. 관심 있는 특별 프로젝트를 친구들과 함께 하게 한다.	4	3	2	1	0
5-8. 정보를 찾을 수 있도록 친구들과 함께 도서관에 가게 한다(es).	4	3	2	1	0
5-9. 흥미 있는 주제에 대해 반 친구들과 이야기를 나누게 한다(es).	4	3	2	1	0
5-10. 학생마다 역할이 다르면서 서로 돕는 집단활동에 참여하게 한다(ms).	4	3	2	1	0

프로젝트 점수 _____ ÷ 9(es) 혹은 8(ms) = _____

VI.	매우 좋아함	좋아함	잘 모름	싫어함	매우 싫어함
6-1. 어려운 것을 배울 때 친구끼리 돕게 한다.	4	3	2	1	0
6-2. 학생이 잘하는 것을 다른 학생에게 가르치게 한다.	4	3	2	1	0
6-3. 반 친구로부터 새로운 정보를 배우게 한다.	4	3	2	1	0
6-4. 시험공부를 할 때 학생들이 서로 함께 하게 한다.	4	3	2	1	0
6-5. 교실 뒤에서 학교 숙제를 할 때 서로 돕게 한다.	4	3	2	1	0
6-6. 숙제를 친구와 함께 살펴보고 같이 하게 한다(ms).					

또래교수 점수 _____ ÷ 5(es) 혹은 6(ms) = _____

교사용 도구

Learning Styles Inventory Version III-Teacher

J. S. Renzulli, L. H. Smith, & M. G. Rizza

VII-ES.

	매우 좋아함	좋아함	잘 모름	싫어함	매우 싫어함
7-1. 읽은 이야기를 이해하는지 알아보려고 쪽지 시험을 본다.	4	3	2	1	0
7-2. 문장에서 빠진 단어를 채워 놓는 숙제를 내어 준다.	4	3	2	1	0
7-3. 다른 학생들과 함께 단어 알아맞히기를 하게 한다.	4	3	2	1	0
7-4. 질문에 대하 답이 정확한지 숙제를 내어 주어 알아보게 한다.	4	3	2	1	0
7-5. 공부한 주제에 대해 정확하게 대답하는지 대회를 열어 알아본다.	4	3	2	1	0
7-6. 학생 혼자서 정확하게 할 수 있는 문제를 내어 준다.	4	3	2	1	0
7-7. 학생 이름을 불러 공부한 것을 기억하는지 알아본다.	4	3	2	1	0
7-8. 이름을 불러 그 학생이 질문에 대답하게 한다.	4	3	2	1	0
7-9. 학생들이 배운 것을 알고 있는지 질문을 한다.	4	3	2	1	0

상술 및 연습 점수 _____ ÷ 9 = _____

VII-MS.

	매우 좋아함	좋아함	잘 모름	싫어함	매우 싫어함
7-1. 말한 주제에 대해 반 전체가 토론하게 한다.	4	3	2	1	0
7-2. 반 친구들에게 자신의 생각을 발표하게 한다.	4	3	2	1	0
7-3. 어떤 주제에 대해 토론하는 동안 다른 친구의 생각을 듣게 한다.	4	3	2	1	0
7-4. 토론하는 동안 다른 친구들과 생각을 교환하게 한다.	4	3	2	1	0
7-5. 어떤 과목에서 의견을 발표하는 친구의 이야기를 듣게 한다.	4	3	2	1	0
7-6. 흥미 있는 주제에 관해 반 친구들과 이야기를 나누게 한다.	4	3	2	1	0

토론 점수 _____ ÷ 6 = _____

VIII-MS.

	매우 좋아함	좋아함	잘 모름	싫어함	매우 싫어함
8-1. 보드 게임을 해서 교과목에서 배운 것을 연습하게 한다.	4	3	2	1	0
8-2. 단어 게임을 하면서 어휘를 연습하게 한다.	4	3	2	1	0
8-3. 배운 것을 연습시키기 위해 카드를 사용하여 게임을 하게 한다.	4	3	2	1	0
8-4. 반 친구들과 함께 낱말 알아맞히기 게임을 하게 한다.	4	3	2	1	0
8-5. 팀을 나누어 교실에서 배운 주제에 대해 정확하게 대답하는 대회를 연다.	4	3	2	1	0
8-6. 배운 내용을 테스트하기 위해 게임에 참여하게 한다.	4	3	2	1	0

학습 게임 점수 _____ ÷ 6 = _____

◈ 역자 소개

이미순 (uconnmisoon@gmail.com)
University of Connecticut 교육심리(철학박사, 영재교육 전공)

♣ 저 · 역서 및 논문

교육과정 압축: 우수학생을 위한 정규교육과정 수정지침(2007)
다중메뉴모델: 차별화된 교육과정 개발을 위한 실제적인 지침(2007)
심화집단: 실제세계, 학생-주도적인 학습을 위한 실제적인 지침(2007)
영재아 행동특성 평정척도(2007)
재능개발을 위한 학교: 학교의 전반적인 개선을 위한 실제적인 계획(2007)
종합재능기록표: 영재아 판별과 교육을 위한 체계적인 계획(2007)
흥미도구들: 교사용 지침(2007)
소외 영재 지도교사의 성공적인 지능 교수효능감(2006)
조기진급 및 조기졸업 유무에 따른 학업 동기와 자기조절적인 학습능력(2006)
Effects of Cultural Orientation on Psychosocial Adaptation of Korean Americans(2007) 외

학습스타일 검사도구: 학생이 선호하는 교수방법 측정도구, 3판

Learning Styles Inventory, Version III
A Measure of Student Preferences for Instructional Techniques
Technical and Administration Manual

인 쇄 일	2007년 6월 15일 초판 인쇄
발 행 일	2007년 6월 20일 초판 발행
저 자	Joseph S. Renzulli · Mary G. Rizza · Linda H. Smith 지음
역 자	이미순 옮김
발 행 인	구본하
발 행 처	도서출판 박학사
주 소	서울시 마포구 서교동 476-53 세화회관
전 화	(02)3142-3765
팩 스	(02)3142-3766
E-mail	pakhaksa@kornet.net
웹사이트	www.pakhaksa.co.kr
등록번호	제10-2230호

정가 7,000원 ISBN 978-89-91633-32-2